Warm & süß –

Nachtische aus dem Ofen

Kathrin Salzwedel/Ramin Madani

Warm & süß – Nachtische aus dem Ofen

Verführerische Rezepte für jeden Tag

Jan Thorbecke Verlag

VERLAGSGRUPPE PATMOS

PATMOS
ESCHBACH
GRÜNEWALD
THORBECKE
SCHWABEN
VER SACRUM

Die Verlagsgruppe
mit Sinn für das Leben

MIX
Paper | Supporting responsible forestry
FSC® C084698
www.fsc.org

Klimaneutral
Druckprodukt
ClimatePartner.com/14549-2003-1001

Die Verlagsgruppe Patmos ist sich ihrer Verantwortung gegenüber unserer Umwelt bewusst. Wir folgen dem Prinzip der Nachhaltigkeit und streben den Einklang von wirtschaftlicher Entwicklung, sozialer Sicherheit und Erhaltung unserer natürlichen Lebensgrundlagen an. Näheres zur Nachhaltigkeitsstrategie der Verlagsgruppe Patmos auf unserer Website www.verlagsgruppe-patmos.de/nachhaltig-gut-leben

Verlagsgruppe Patmos in der Schwabenverlag AG, Ostfildern
www.thorbecke.de

Fotos und Texte: Kathrin Salzwedel & Ramin Madani
Gestaltung: Finken & Bumiller, Stuttgart
Druck: PNB Print Ltd, Silakrogs
Hergestellt in Lettland
ISBN 978-3-7995-1564-1 (Print)
ISBN 978-3-7995-1578-8 (E-Book)

Inhalt

Vorwort

Wenn die Tage langsam dunkler werden und es vor der Tür grau und ungemütlich wird, beginnt bei vielen von uns die gemütliche Jahreszeit auf dem Sofa und vor dem warmen Kamin. Draußen ist es windig und kalt, und wir freuen uns, wenn wir in einer geselligen Runde um einen großen und schön dekorierten Tisch mit Freunden und/oder der Familie zusammenkommen und gemeinsam warme Nachspeisen und Desserts aus dem Ofen genießen dürfen.
In unserem dritten Kochbuch erwarten euch im Gegensatz zu den anderen beiden Büchern „Klaraslife" und „Wurzelgemüse" diesmal ausschließlich süße Rezepte. Da von uns beiden besonders Kathrin Nachspeisen und Gebäck sehr liebt, nutzen wir die Gelegenheit, euch in diesem Buch einige ihrer Favoriten aus der schier endlosen Palette süßer Köstlichkeiten zu präsentieren. Ihr dürft also auf tolle Nachspeisen, Kuchen und Desserts gespannt sein.

Die meisten Rezepte in diesem Buch sind vegetarisch und nicht vegan. Wir verwenden – wie bei der Zubereitung vieler klassischer Nachspeisen traditionell üblich – Eier, Milch, Honig und Sahne. Diese Zutaten sind, wie wir finden, oft ein wichtiger Faktor für das gute Gelingen und einen köstlichen Geschmack.
Unsere Leser:innen dürfen sich auch auf viele leckere und teilweise in Vergessenheit geratene klassische Süßspeisen freuen, wie beispielsweise Pfitzauf, Arme Ritter oder Ofenschlupfer! Was es mit diesen Gerichten genau auf sich hat und wie einfach diese leckeren Süßspeisen zubereitet werden können, erfahrt ihr in diesem Buch.

Wir wünschen euch viel Freude und vor allem guten Appetit!

Kathrin & Ramin

Quick & easy

Blätterteig-Kaffee-Kissen

Dieses herrlich einfache und wohlschmeckende Gebäck eignet sich ideal für den gemeinsamen Kaffee am Nachmittag, als feines Mitbringsel zu einer Feier oder auch einfach mal als „Dankeschön“ für die Arbeitskolleg:innen.

Für 6 Stück
Zubereitungszeit: 8 Minuten
Backzeit: 12–15 Minuten

Zutaten
1 Rolle Blätterteig
120 ml kalte Schlagsahne
20 g Puderzucker + etwas zum Bestäuben
15 ml kalter Espresso

1. Den Backofen auf 200 °C Ober-/Unterhitze vorheizen.
2. Den Blätterteig ausrollen und mit einem scharfen Messer in zwölf gleich große Rechtecke schneiden. Diese dann mit etwas Abstand auf ein mit Backpapier belegtes Backblech legen und auf der mittleren Schiene 12–15 Minuten goldgelb backen.
3. Die Sahne mit dem Puderzucker sehr steif schlagen.
4. Den Kaffee vorsichtig unterheben und die Kaffeesahne auf der Hälfte der etwas abgekühlten Blätterteig-Kissen verteilen. Ein zweites Kissen daraufsetzen. Mit etwas Puderzucker bestäuben und genießen.

Pflaumen-Blätterteig-Ecken mit Mandeln

Ein tolles Blätterteiggebäck gerade für die herbstlichen und etwas kühleren Tage, wenn man es gern etwas kuschelig hat und sich eine vorzügliche Begleitung zu der ein oder anderen Tasse Tee oder Kaffee wünscht.

Für 6 Stück
Zubereitungszeit: 15 Minuten
Backzeit: 15 Minuten

Zutaten
200 g Pflaumen/Zwetschgen
100 g brauner Zucker + etwas zum Bestreuen
1 TL Vanillepaste
1 Rolle Blätterteig
30 g gemahlene Mandeln
1 Ei
20 g Mandelblättchen

1. Den Backofen auf 200 °C Ober-/Unterhitze vorheizen.
2. Die Pflaumen waschen, entkernen und dann klein würfeln. Mit dem Zucker und der Vanille mischen.
3. Den Blätterteig aus dem Kühlschrank holen und ausrollen. In sechs gleich große Rechtecke schneiden. Auf drei dieser Rechtecke die gemahlenen Mandeln geben und dabei einen Rand stehen lassen. Dann die Pflaumen darauf verteilen.
4. Das Ei verquirlen und die Ränder dünn damit einpinseln. Nun die restlichen Teigplatten über die Pflaumen geben und die Ecken gut andrücken.
5. Mit Ei bestreichen und mit den Mandelblättchen und etwas braunem Zucker bestreuen.
6. Im Backofen auf der mittleren Schiene 15 Minuten goldgelb backen. Die Taschen mit einem scharfen Messer halbieren und lauwarm servieren.

Apfelauflauf

Eine prima Variante zu dem allgemein bekannten Klassiker: Bratäpfel. In dieser Version werden schöne und saftige Äpfel von feinem Teig umschlossen – und das in Anwesenheit von Zimt und Tonkabohne. Wer möchte hier kein Apfel sein?!

Für 2 Portionen
Zubereitungszeit: 10 Minuten
Backzeit: 18–20 Minuten

Teig
2 Eier
90 ml Sojamilch oder eine andere Pflanzenmilch
45 g Mehl
1 EL Rohrohrzucker

Füllung
1 Apfel
2 EL Butter
1 EL Rohrohrzucker

Bratapfelzucker
2 EL Zucker
1 Msp. Zimt
1 Prise Kardamom
1 Prise Tonkabohne
1 Prise Ingwer

1. Den Backofen auf 200 °C Ober-/Unterhitze vorheizen.
2. Die Eier, die Milch, das Mehl und den Zucker in eine Schüssel geben und mit dem Schneebesen zu einem homogenen Teig verrühren.
3. Den Apfel schälen, entkernen und in Spalten schneiden. Butter und Zucker in eine Pfanne geben und schmelzen lassen. Dann die Apfelspalten dazugeben und 2 Minuten anbraten.
4. Eine Auflaufform oder ofenfeste Pfanne in den Ofen stellen und gut erwärmen.
5. Nun die Äpfel zuerst in die Form geben und den Teig darübergießen. Sofort wieder in den Ofen stellen und auf der mittleren Schiene 18–20 Minuten backen.
6. Für den Bratapfelzucker alle Zutaten mischen. Den Auflauf nach dem Backen mit Bratapfelzucker bestreuen und servieren.

Bananen-Crumble

Ein äußerst aromatisches Dessert für alle kleinen und großen Leckermäuler. Unser Tipp: Unbedingt mehrfach davon kosten!

Für 3 Portionen
Zubereitungszeit: 10 Minuten
Backzeit: 20 Minuten

Obstfüllung
2 EL Butter + etwas für die Förmchen
3 EL brauner Zucker
1 Prise Salz
1 Msp. Ingwerpulver
1 Msp. Zimt
1 EL brauner Rum oder Orangensaft
3 Bananen

Streusel
15 g brauner Zucker
30 g Dinkelmehl
30 g Haferflocken
50 g kalte Butter

Außerdem
3 ofenfeste Förmchen (250 ml)

1. Den Backofen auf 200 °C Ober-/Unterhitze vorheizen. Die ofenfesten Förmchen leicht fetten und beiseitestellen.
2. Die Butter und den Zucker in eine Pfanne geben und schmelzen lassen. Das Salz, den Ingwer und den Zimt dazugeben und gut verrühren. Dann den Rum oder Orangensaft dazugeben. Die Bananen in daumendicke Scheiben schneiden, mit in die Pfanne geben und gut anschwitzen. Dann die Bananen samt Flüssigkeit in den Förmchen verteilen.
3. Für die Streusel alle Zutaten in einer Schüssel mischen. Zu Streuseln formen und über den Bananen verteilen. Auf der mittleren Schiene 20 Minuten backen und anschließend warm servieren.

Schnelle Blätterteig-Beeren-Tarte

Ganz easy und so unglaublich lecker! Schnell gemacht mit einer Kombination aus fluffigem Blätterteig und schmackhaften Waldbeeren. Passt zu jeder Gelegenheit und funktioniert auch, wenn es mal zügig gehen soll.

Für 6 Portionen
Zubereitungszeit: 15 Minuten
Backzeit: 15 Minuten

Zutaten
1 Rolle Blätterteig
1 Ei
150 ml kalte Sojasahne
2 EL Zucker
250 g Beeren (Himbeeren, Erdbeeren und Blaubeeren)
Kokosblütensirup zum Servieren (optional)

1. Den Backofen auf 180 °C Ober-/Unterhitze vorheizen.
2. Den Blätterteig aus dem Kühlschrank nehmen, entrollen und auf ein Backpapier legen. Nun mit einem Messer einen 2–3 cm breiten Rand in den Blätterteig einritzen, aber ohne den Teig durchzuschneiden.
3. Die Ränder mit Ei bestreichen und den ganzen Blätterteig im Backofen für ca. 15 Minuten goldgelb backen. Dann die Tarte aus dem Ofen nehmen und etwas abkühlen lassen.
4. Die Sojasahne mit dem Zucker sehr steif schlagen. Die Beeren waschen und nach Bedarf klein schneiden.
5. Vor dem Servieren die Sahne auf dem Blätterteig verteilen und mit den Beeren belegen. Wer mag, gibt noch etwas Kokosblütensirup darüber.

Unser Herbsttipp
Statt Beeren könnt ihr auch Feigen, Pflaumen oder andere Früchte der Saison verwenden.

Dattel-Donuts mit Kardamom

Amerika trifft Dinkel im Orient. So oder so ähnlich könnte man diese vorzügliche und duftende Liaison des klassischen Donuts mit orientalischen Gewürzen umschreiben. Schmeckt wirklich ausgezeichnet und passt nicht nur zum Fünf-Uhr-Tee!

Für 6 Stück
Zubereitungszeit: 25 Minuten
Backzeit: 15–18 Minuten

Teig:
70 g weiche Datteln
100 g Butter + etwas für die Form
190 g Dinkelmehl
1 TL Safran-Backpulver
¼ TL gemahlener Kardamom
1 Prise Salz
180 ml Hafermilch

Topping:
70 g Zucker
½ TL Zimt

Außerdem:
Donutform mit 6 Mulden

1. Den Backofen auf 180 °C Ober-/Unterhitze vorheizen.
2. Die Datteln entsteinen, klein hacken und dann in eine Schüssel geben. 50 ml heißes Wasser dazugeben und die Datteln 10–15 Minuten einweichen lassen. Anschließend die Datteln samt Einweichwasser in einen Mixer geben und fein pürieren.
3. Die Donutform gut ausfetten. Die Butter in einen Topf geben und bei mittlerer Hitze schmelzen lassen, beiseitestellen und etwas abkühlen lassen.
4. Mehl, Backpulver, Kardamom und Salz vermischen. Butter, Milch und Dattelmasse dazugeben und verrühren.
5. Mit Hilfe eines Spritzbeutels die Teigmasse in die Donutform geben. Die Form ein- bis zweimal auf die Küchenplatte klopfen, damit sich der Teig gleichmäßig verteilt. Dann für 15–18 Minuten backen.
6. Die Donuts ca. 10 Minuten in der Backform abkühlen lassen und dann vorsichtig herauslösen.
7. Den Zucker mit dem Zimt mischen und die fertigen Donuts in der Zuckermischung wälzen.

Mini-Schokoladen-Bananen aus dem Backofen

Manchmal sind die guten Dinge so einfach, dass man es selbst kaum glauben möchte. Dazu gehören diese mit Schokolade und Meersalz verfeinerten Mini-Ofen-Bananen. Einfach mal ausprobieren und genießen.

Für 4 Bananen
Zubereitungszeit: 5 Minuten
Backzeit: 10 Minuten

Zutaten

4 reife Mini-Bananen
4 Stücke Schokolade (Vollmilchschokolade, Bitterschokolade oder gefüllt mit Erdnüssen)
Meersalz
Vanilleeiscreme zum Servieren

1. Den Backofen auf 180 °C Ober-/Unterhitze vorheizen.
2. Die Mini-Bananen waschen und abtrocknen. Nun mit einem scharfen Messer der Länge nach tief in die Bananen einschneiden und diese etwas auseinanderdrücken. Die Bananenschale wird nicht entfernt. Auf ein mit Backpapier ausgelegtes Blech setzen.
3. Die Schokolade in Stücke brechen und in die Bananen legen. Im heißen Ofen auf der mittleren Schiene 10 Minuten backen.
4. Auf Dessertteller verteilen. Mit etwas Meersalz bestreuen, mit je 1 Kugel Vanilleeis servieren und direkt aus der Schale löffeln.

Pekan-Tarte-Tatin

Volles Aroma von Nüssen, Karamell und einfach yummy. Eine fix zubereitete Tarte, die bei allen Freunden der Pekannuss voll ins Schwarze treffen wird. Passt gut als Dessert wahlweise mit einem guten Espresso, frischen Früchten oder auch mit einer schönen Kugel Eis.

Für 1 Tarte
Zubereitungszeit: 15 Minuten
Backzeit: 20–25 Minuten

Zutaten
80–90 g Pekannüsse
50 g Butter
100 ml Ahornsirup
1 Prise Salz
1 Rolle Blätterteig
Eis zum Servieren (optional)

Außerdem
Gusseisenpfanne (20 cm Ø)

1. Den Backofen auf 200 °C Ober-/Unterhitze vorheizen.
2. Die Pekannüsse gleichmäßig auf dem Pfannenboden verteilen.
3. Butter, Ahornsirup, 1 EL Wasser und Salz in einen Topf geben und 2 Minuten köcheln lassen. Dann den entstandenen Sirup vorsichtig über die Nüsse geben.
4. Den Blätterteig in der Größe der Pfanne rund ausschneiden und auf die Nüsse legen. Den Teig etwas andrücken und in der Mitte ein kleines Kreuz einschneiden, damit Luft entweichen kann. Anschließend für 20–25 Minuten backen.
5. 1 Minute in der Pfanne abkühlen lassen und dann auf einen Teller stürzen. Die Tarte pur genießen oder mit einer Kugel Eis.

Tipp
Die Tarte nach dem Backen nicht zu lange in der Pfanne lassen, sonst wird der Zucker fest und die Tarte lässt sich nicht mehr aus der Pfanne lösen.

Teig trifft Schokolade

Schoko-Nuss-Pfannencookie

Ein kleiner Kuchen, der flott gemacht ist, süß schmeckt und obendrein Schokolade enthält. Das kann doch einfach nur lecker sein!
Hier findet ihr alles, was ihr für das köstliche Gebäck braucht.

Für 4–6 Portionen
Zubereitungszeit: 10 Minuten
Backzeit: 20 Minuten

Zutaten
135 g Butter
225 g Dinkelmehl
1 TL Backnatron
100 g brauner Zucker
Mark einer Vanilleschote
60 ml Sojamilch
110 g Nussmus (Mandel- oder Erdnussmus)
100 g backfeste Zartbitter-Schokoladendrops
Meersalzflocken
Eis zum Servieren (optional)

Außerdem
Gusseisenpfanne oder Auflaufform

1. Den Backofen auf 180 °C Ober-/Unterhitze vorheizen.
2. Für den Teig die Butter schmelzen und etwas abkühlen lassen. Mehl, Natron und Zucker in einer Schüssel mischen. Dann Vanille, Sojamilch, Nussmus, Butter und Schokoladendrops hinzufügen und mit einem Gummispatel zu einem festen Teig mischen.
3. Den Teig in eine Gusseisenpfanne oder Auflaufform geben und andrücken. Den Pfannencookie für 20 Minuten auf der mittleren Schiene backen.
4. Etwas abkühlen lassen, mit Meersalzflocken bestreuen und dann servieren. Dazu passt Vanilleeis.

Schokoladen-Küchlein

Alle Schokofans aufgepasst: Um diese Küchlein kommt ihr nicht herum. Weicher Schokoladenkern trifft feine Gewürze bei vollem Geschmack.

Für 4 Küchlein
Zubereitungszeit: 10 Minuten
Backzeit: 9–14 Minuten

Zutaten

75 g Butter + etwas für die Förmchen
2 EL Kakaopulver
75 g dunkle Schokolade
100 g Rohrohrzucker
3 Eier
1 Msp. Zimt
1 Msp. Kardamom
1 Msp. Ingwer
1 Prise Nelken
40 g Mehl
Puderzucker zum Bestäuben
Eis zum Servieren

Außerdem

4 Förmchen à 180 ml

1. Den Backofen auf 200 °C Ober-/Unterhitze vorheizen. Die Formen einfetten, mit etwas Kakaopulver bestäuben und in den Kühlschrank stellen.
2. Die Schokolade und die Butter über dem Wasserbad langsam schmelzen lassen. Danach 5 Minuten abkühlen lassen.
3. Den Zucker, die Eier und die Gewürze in eine Schüssel geben und mit einem Schneebesen gut vermischen. Die Schokolade einrühren, dann das Mehl sieben und untermischen, dabei nicht zu viel rühren.
4. Den Teig in die Förmchen füllen und im Backofen 9–14 Minuten backen. Ab der 9. Minute immer wieder nach den Küchlein schauen, denn nun kann es schnell passieren, dass der Teigkern zu fest wird. Die Ränder sollen gebacken aussehen und in der Mitte soll der Teig bei Berührung wackeln. Je nach Ofentyp kann das schneller oder langsamer gehen.
5. Sind die Küchlein fertig, diese mit einem Messer aus den Förmchen lösen und auf Teller stürzen. Mit Puderzucker bestäuben und sofort mit Eis servieren.

Schokoladen-Chip-Cookies

Leckere Kekse aus Dinkel, Leinsamen und zarter Schokolade. Die möchte man doch am liebsten gleich mit dem Freund oder der Freundin teilen und zusammen mit einem leckeren Kakao- oder Kaffeegetränk zu sich nehmen.

Für 14 Kekse
Zubereitungszeit: 10 Minuten
Backzeit: 17 Minuten

Zutaten
1 ½ EL gemahlene Leinsamen
110 g weiche Butter
100 g brauner Zucker
1 TL Vanillepaste oder Mark einer Vanilleschote
225 g Dinkelmehl
1 TL Backpulver
170 g Zartbitter-Schokolade
Meersalzflocken

1. Den Backofen auf 200 °C Ober-/Unterhitze vorheizen.
2. Die Leinsamen mit 30 ml warmem Wasser verrühren und 5 Minuten quellen lassen.
3. Währenddessen Butter und Zucker in eine Rührschüssel geben und 3–5 Minuten schaumig schlagen. Vanille und Leinsamen dazugeben und kurz verrühren. Dann Mehl und Backpulver hinzufügen und zu einem weichen Teig kneten. Die Schokolade klein hacken und unterheben.
4. Nun den Teig mit einem Eisportionierer auf ein mit Backpapier belegtes Backblech geben. Die Kekse auf der mittleren Schiene für 15 Minuten backen.
5. Direkt nach dem Herausnehmen das Blech zwei- bis dreimal auf die Arbeitsfläche klopfen. Dadurch fließen die Kekse etwas auseinander.
6. Nochmals 2 Minuten backen und dann die Kekse mit ein paar Meersalzflocken bestreuen. Auf einem Kuchengitter etwas abkühlen lassen und am besten noch warm servieren.

Schokoladen-Kardamom-Soufflee

Ein wunderbarer Nachtisch, wenn man Gäste hat und einen Anlass zum Feiern. Besonders gut geeignet als Nachspeise zu einem herbstlichen Menü mit tollen vorweihnachtlichen Aromen.

Für 4 Soufflees
Zubereitungszeit: 15 Minuten
Backzeit: 15–20 Minuten

Zutaten
60 g Butter + 1 EL für die Förmchen
30 g Zucker + für 1–2 EL für die Förmchen
3 Eier
100 g Zartbitterschokolade
¼ TL gemahlener Kardamom
1 TL Vanillepaste
1 Prise Salz
⅛ TL Weinsteinbackpulver

Außerdem
4 Förmchen à 180 ml

1. Als Erstes die Förmchen fetten und mit Zucker ausstäuben. Den Backofen auf 200 °C Ober-/Unterhitze vorheizen.
2. Die Eier trennen. Die Butter und die Schokolade in eine Schüssel geben und über dem Wasserbad bei mittlerer Hitze schmelzen lassen. Etwas abkühlen lassen und dann Eigelbe, Kardamom, Vanille und Salz hinzugeben und untermischen.
3. Die Eiweiße und das Weinsteinbackpulver in einen Messbecher geben und sehr steif schlagen. Unter Rühren den Zucker langsam einrieseln lassen.
4. Nun den Eischnee unter die Schokolade heben und für 5 Minuten kalt stellen.
5. Die Schokoladenmasse in die Förmchen geben und die Oberfläche glattstreichen. Auf der mittleren Schiene zwischen 15–20 Minuten backen, ohne die Backofentüre zu öffnen. Das Soufflee sollte schön aufgehen. Anschließend sofort servieren, da das Soufflee schnell in sich zusammenfällt.

Vegane Schokoladen-Tahini-Cookies

Absolutes Top-Rezept. Lohnt sich auf jeden Fall, und zwar nicht nur für reine Veganer. Sie schmecken deliziös, haben eine gute Konsistenz, machen optisch was her und sind vegan. Lauter Gründe, um gleich mit dem Backen zu beginnen!

Für 10–14 Kekse
Zubereitungszeit: 10 Minuten
Ruhezeit: 30 Minuten
Backzeit: 10–14 Minuten

Zutaten
225 g Dinkelmehl
¾ TL Natron
½ TL Backpulver
1 Prise Salz
100 g vegane Butter
50 g Rohrohrzucker
100 g brauner Zucker
1 EL Melasse
60 g Tahini
2 TL Vanilleextrakt
150 g vegane dunkle Schokoladenstückchen oder Drops
Meersalzflocken zum Bestreuen

1. In einer Schüssel Mehl, Natron, Backpulver und Salz vermischen.
2. Die Butter schmelzen und leicht abkühlen lassen. In einer zweiten Rührschüssel beide Zuckersorten, die geschmolzene Butter, die Melasse und die Tahini mit dem Rührgerät 2 Minuten kräftig verquirlen, dann 60 ml Wasser und den Vanilleextrakt hinzufügen. Nun die trockenen Zutaten hinzugeben und mit dem Gummispatel vermengen. Kurz bevor das Mehl vollständig vermischt ist, die Schokoladenstückchen hineingeben und dann vollständig vermischen.
3. Die Schüssel ohne Abdeckung in den Kühlschrank stellen und 30 Minuten ruhen lassen.
4. Nach 20 Minuten den Ofen auf 180 °C Ober-/Unterhitze vorheizen und ein großes Backblech mit Backpapier auslegen.
5. Den Teig aus dem Kühlschrank nehmen und mit Hilfe eines Eisportionierers oder mit Hilfe eines Esslöffels portionsweise mit etwas Abstand auf dem Blech verteilen.
6. Die Kekse für 10–14 Minuten backen, bis zumindest die Ränder ein sehr helles Goldbraun bekommen. Dann etwa 3 Minuten auf dem Backblech ruhen lassen, auf ein Kuchengitter legen und mit Meersalzflocken bestreuen.

Schokoladen-Pistazien-Brownies

Brownies – das sind saftige leckere Kuchenstücke mit fantastischem Schmelz und in diesem Fall mit hübschen grünen Pistazien und Meersalz verfeinert. Ein Doppio passt hierzu ausgezeichnet!

Für 12 Stück
Zubereitungszeit: 10 Minuten
Backzeit: 18 Minuten

Zutaten
125 g Zartbitterschokolade
100 g Puderzucker
125 g Butter
2 Eier
120 g Dinkelmehl
1 Prise Meersalz
½ TL gemahlener Kardamom
60 g Pistazien

Außerdem
Backform (28 × 18 cm)

1. Die Backform mit Backpapier auslegen und den Backofen auf 180 °C Ober-/Unterhitze vorheizen.
2. Die Schokolade, den Puderzucker und die Butter über dem Wasserbad bei mittlerer Hitze und unter Rühren schmelzen lassen.
3. Die Eier mit einem Schneebesen verquirlen und zusammen mit dem Mehl, dem Salz, dem Kardamom und den Pistazien unter die flüssige Schokolade heben.
4. Den Schokoladenteig in eine Backform geben und auf der mittleren Schiene 18 Minuten backen. Er soll innen noch saftig sein. Aus dem Ofen nehmen und lauwarm abkühlen lassen.

Teig — und sonst nichts

Gewürz-Maiskuchen mit Rosinen und Mandeln

Ein herrlich warmer Maiskuchen mit Vanille und Zimt. Wer keine Rosinen mag, kann auch andere Trockenfrüchte verwenden. Cranberrys oder klein geschnittene Datteln schmecken auch sehr gut dazu.

Für 6–8 Portionen
Zubereitungszeit: 15 Minuten
Backzeit: 40 Minuten

Zutaten
65 g Butter + etwas für die Form
120 g Dinkelmehl Type 630
120 g feines Maismehl
50 g Rohrohrzucker
1 ½ TL Backpulver
½ TL Backnatron
1 Msp. Vanillemark
½ TL Ceylon-Zimt
Abrieb einer ½ Bio-Zitrone
1 Prise Salz
100 ml Hafermilch
2 Eier
80 g Rumrosinen
4 EL gehobelte Mandeln
3 EL Ahornsirup oder Honig

Außerdem
Auflaufform ca. 13 cm × 23 cm

1. Den Backofen auf 200 °C Ober-/Unterhitze vorheizen.
2. Die Butter in einem Topf bei schwacher Hitze schmelzen lassen. Beiseitestellen und etwas abkühlen lassen. Die Form fetten und ebenfalls beiseitestellen.
3. In einer mittelgroßen Rührschüssel Mehl, Maismehl, Zucker, Backpulver, Natron, Vanille, Zimt, Zitronenabrieb und Salz vermischen.
4. In einer anderen Schüssel 250 ml Wasser, die Hafermilch und die Eier verquirlen. Dann die abgekühlte Butter untermischen.
5. Nun die Mehlmischung zu der Milchmischung geben und mit einem Schneebesen zu einem glatten Teig verrühren. Dann die Rosinen und 1 EL Mandeln unterrühren. Den Teig in die Auflaufform geben und mit den restlichen Mandeln bestreuen.
6. Auf der mittleren Schiene 40 Minuten goldbraun backen, bis die Mitte durchgegart ist (Stäbchenprobe). Den Maiskuchen mit Ahornsirup oder Honig bestreichen und warm servieren.

Gingerbread-Gugelhupf

Ob zur Kaffeetafel oder auf dem Weihnachtstisch – dieser feine Gugelhupf passt perfekt als Dessert.

Für 1 kleinen Gugelhupf
Zubereitungszeit: 15 Minuten
Backzeit: 30 Minuten

Zutaten
60 g weiche Butter + etwas für die Form
40 g brauner Zucker
1 Ei (Größe M)
70 g Dattelsirup
100 g Dinkelmehl Type 630
1 ½ TL Ingwerpulver
1 TL Ceylon-Zimt
1 Msp. gemahlener Kardamom
½ TL Backpulver
1 Prise Salz
60 ml heißes Wasser
3 EL Ahornsirup

Außerdem:
kleine Gugelhupfform
Schlagsahne oder Eis zum Servieren (optional)

1. Den Backofen auf 200 °C Ober-/Unterhitze vorheizen. Eine kleine Gugelhupfform gut fetten und dann beiseitestellen.
2. In einer Rührschüssel die Butter mit dem Handrührgerät cremig schlagen. Dann den braunen Zucker und das Ei hinzufügen und gut vermischen. Wenn das Ei gut untergemischt ist, den Dattelsirup unterrühren.
3. In einer zweiten Schüssel Mehl, Ingwer, Zimt, Kardamom, Backpulver und Salz vermischen. Die trockenen Zutaten zur Buttermischung hinzufügen und vorsichtig mit dem Schneebesen vermischen. Dann das heiße Wasser hinzugeben und verrühren. Achtung: Nicht zu viel mischen, sonst wird der Kuchen später nicht fluffig. Nur gerade so mischen, bis ein glatter Teig entsteht.
4. Den Teig in die Form einfüllen und auf der mittleren Schiene 30 Minuten backen. Mit einem Holzstäbchen prüfen, ob der Kuchen gar ist.
5. Den Teig 15 Minuten in der Form abkühlen lassen, dann den Kuchen auf einen Teller platzieren, mit Ahornsirup beträufeln und warm servieren. Dazu passen Schlagsahne oder eine Kugel Eis.

Torta Caprese – italienischer Mandelkuchen

Total lecker, saftig, aromatisch, einfach und italienisch ist dieser Kuchen von der Insel Capri. Am besten backen, Lob einheimsen und genießen. Das sind viele eindeutig gute Gründe, sofort den Ofen vorzuheizen und mit dem Backen zu beginnen.

Für 1 Kuchen
Zubereitungszeit: 15 Minuten
Backzeit: 50–60 Minuten

Zutaten
Butter und Mehl für die Form
170 g Zartbitter-Schokolade/ dunkle Schokolade
200 g weiche Butter
100 g Birkenzucker
6 Eier
250 g gemahlene Mandeln
1 Prise Salz
Puderzucker zum Bestäuben

Außerdem
Springform (24 cm Ø)

1. Den Backofen auf 180 °C Ober-/Unterhitze vorheizen. Den Boden einer Springform mit Backpapier auslegen, den Rand fetten und mit etwas Mehl bestäuben.
2. Die Schokolade in grobe Stücke hacken und über dem Wasserbad schmelzen lassen. Dann beiseitestellen und abkühlen lassen.
3. Die Butter mit dem Zucker ca. 3 Minuten mit dem Flachrührer der Küchenmaschine cremig schlagen.
4. Die Eier trennen und die Eigelbe einzeln unter die Buttermasse rühren. Dann die Mandeln und die abgekühlte, geschmolzene Schokolade unterrühren.
5. Die Eiweiße mit einer Prise Salz zu Eischnee schlagen und vorsichtig mit einem Teigschaber unter die Schokoladenmasse heben.
6. Den Teig in die Springform füllen und im vorgeheizten Backofen 50–60 Minuten backen. Zur Garprobe mit einem Holzstäbchen in die Mitte des Kuchens stechen. Wenn beim Herausziehen einige feuchte Brösel daran haften, ist er genau richtig. Haftet noch flüssiger Teig daran, noch einige Minuten backen.
7. Den Kuchen 20 Minuten in der Form auskühlen lassen und dann lauwarm servieren. Vor dem Servieren mit etwas Puderzucker bestäuben.

Kaiserschmarrn aus dem Ofen

Ein fluffiger Kaiserschmarrn aus dem Backofen mit Rosinen und Puderzucker. Ein Genuss!

Für 4 Portionen
Zubereitungszeit: 8 Minuten
Ruhezeit: 30 Minuten
Backzeit: 25 Minuten

Zutaten
70 g Rosinen
4 EL Rum oder Apfelsaft
4 Eier
130 g Mehl
30 g Zucker
1 Prise Salz
225 ml Milch
40 g Butter
Puderzucker zum Bestäuben

Außerdem
flache, ofenfeste Pfanne (22–24 cm Ø)
Apfelmus oder Zwetschgen-Zimt-Kompott (Rezept Seite 173) zum Servieren (optional)

1. Als Erstes die Rosinen in Rum oder Apfelsaft für 30 Minuten einlegen.
2. Den Backofen auf 200 °C Ober-/Unterhitze vorheizen.
3. Zuerst die Eier trennen und das Eiweiß zu einem steifen Schnee schlagen. In einer zweiten Schüssel Mehl, Zucker, Salz, Milch und Eigelbe zu einem glatten, dickflüssigen Teig verrühren. Dann den Eischnee mit einem Teigschaber vorsichtig unter den Teig rühren, bis keine Flocken mehr zu sehen sind.
4. Die Butter in der Pfanne schmelzen lassen, bis sie anfängt zu schäumen. Dann langsam den Teig eingießen und die Rosinen ohne die Flüssigkeit darüberstreuen.
5. Anschließend die Pfanne in den Ofen schieben und 15 Minuten backen. Die Pfanne herausnehmen und den Teig wenden. Hierbei am besten vierteln, dann geht es einfacher. Weitere 10 Minuten im Ofen goldbraun backen.
6. Danach die Pfanne aus dem Ofen nehmen und den Teig mit zwei Gabeln in Stücke zerreißen. Den Schmarrn auf Tellern anrichten und mit Puderzucker bestäuben. Wer mag, reicht Apfelmus oder Zwetschgenkompott dazu.

Quark-Grieß-Soufflee

Ein Soufflee ist schon eine sehr feine Köstlichkeit. Richtig gemacht und à la minute verzehrt, kann das kleine Dessert wirklich vorzüglich munden. Am besten einige Male üben und die enge Familie oder Freunde zuerst probieren lassen, bevor ihr es euren Gästen im Mehr-Gänge-Menü serviert.

Für 4 Portionen
Zubereitungszeit: 10 Minuten
Backzeit: 20 Minuten

Zutaten
2 Eier
110 g Quark (Magerstufe)
30 g Zucker + etwas zum Bestäuben der Förmchen
1 Vanilleschote oder 1 TL Vanillepaste
10 g Weichweizengrieß
Butter für die Förmchen
300 g Himbeeren, frisch oder TK, oder Zwetschgen-Zimt-Kompott (Rezept Seite 173) zum Servieren (optional)
2–3 EL Puderzucker oder Birkenpuderzucker (optional)

Außerdem
4 kleine Förmchen

1. Den Backofen auf 200 °C Ober-/Unterhitze vorheizen.
2. Die Eier trennen und das Eigelb mit dem Quark, dem Zucker, dem Mark der Vanilleschote und dem Grieß in eine Schüssel geben und mit dem Schneebesen verrühren. Das Eiweiß mit dem Handrührgerät sehr streif schlagen und dann vorsichtig unter die Quark-Grießmasse heben.
3. Die Auflaufförmchen etwas fetten und mit Zucker bestäuben.
4. Nun die Quark-Grießmasse gleichmäßig in den vier Formen verteilen. Die Formen in ein tiefes Backblech stellen und das Backblech ca. 2 cm hoch mit heißem Wasser füllen. Auf der zweiten Schiene von unten 20 Minuten backen und dabei den Backofen nicht öffnen, sonst zerfällt das Soufflee.
5. Falls Himbeersauce dazu serviert wird, in der Zwischenzeit die Himbeeren in einen Messbecher geben und pürieren, danach durch ein Sieb streichen, um die Kerne zu entfernen. Nach Belieben mit Puderzucker süßen.
6. Die Soufflees auf Teller stürzen, und mit Himbeersauce oder Zwetschgen-Zimt-Kompott sofort servieren.

Mohnauflauf

Ein köstliches Dessert mit Mohn und Grieß. Dazu passen leckere Fruchtkompotte z. B. aus Äpfeln oder Kirschen.

Für 4 Portionen
Zubereitungszeit: 15 Minuten
Backzeit: 20 Minuten

Zutaten

weiche Butter + 2 EL Paniermehl für die Förmchen
2 Eier
70 g Zucker
1 Prise Salz
Schale von ½ Bio-Orange
50 g weiche Butter
125 g Hartweizengrieß
20 g Blaumohn
½ TL Backpulver
150 ml Milch
Puderzucker zum Bestäuben
Apfelkompott (Rezept Seite 170) zum Servieren (optional)

Außerdem

4 kleine ofenfeste Förmchen à ca. 200 ml

1. Den Backofen auf 180 °C Ober-/Unterhitze vorheizen. Die Förmchen mit weicher Butter ausstreichen und mit dem Paniermehl ausstreuen.
2. Für den Auflauf die Eier trennen. Die Eiweiße mit 30 g Zucker sehr steif schlagen und dann in den Kühlschrank stellen.
3. Die Eigelbe mit dem restlichen Zucker, dem Salz, der Orangenschale und der weichen Butter schaumig rühren. Grieß, Mohn, Backpulver und 100 ml Milch unterrühren. Das steif geschlagene Eiweiß aus dem Kühlschrank nehmen und unter den Teig heben.
4. Den Teig in die vorbereiteten Förmchen füllen, die Oberfläche glattstreichen und 20 Minuten backen. Bei Bedarf abdecken.
5. Die restliche Milch erhitzen. Die Förmchen aus dem Ofen nehmen und die Milch gleichmäßig über den Teig gießen. Zurück in den Ofen stellen und im abgeschalteten Ofen ca. 10 Minuten quellen lassen. Den Auflauf mit Puderzucker bestäuben und mit dem Apfelkompott servieren.

Unser Tipp

Statt Apfelkompott schmeckt auch Kirschkompott sehr gut.

Arme Ritter

Wie es der Name schon verrät, sind Arme Ritter ein einfaches und nicht üppiges Gericht. Sie schmecken aber unglaublich gut und sind gerade auch bei Kindern sehr beliebt. Sie gelingen in jedem Fall, was vor allem an den wenigen und guten Zutaten liegt.

Für 4–6 Portionen
Zubereitungszeit: 10 Minuten
Ruhezeit: 5 Stunden
Backzeit: 30 Minuten

Zutaten
2 EL Butter
3 EL brauner Zucker
5 Eier
Mark einer Vanilleschote oder 1 TL Vanilleextrakt
1 Prise Salz
250 ml Sahne
5 daumendicke Scheiben Bauernbrot
Vanillesauce (Rezept Seite 169), Ahornsirup oder Beeren der Saison zum Servieren (optional)

1. Eine Auflaufform mit Butter bestreichen und den Boden gleichmäßig mit etwas Zucker bestreuen.
2. Eier, Vanille, Salz und Sahne in eine Schüssel geben und gut verrühren. Nun die Brotscheiben einzeln durch die Eier-Sahne-Mischung ziehen und dann in die Auflaufform legen.
3. Die restliche Eier-Sahne-Mischung über die Brotscheiben gießen und für 15 Minuten ruhen lassen.
4. Den Backofen auf 180 °C Ober-/Unterhitze vorheizen. Auf der mittleren Schiene den Auflauf für 30 Minuten goldbraun und knusprig backen.
5. 10 Minuten abkühlen lassen, dann mit Vanillesauce, Ahornsirup oder Beeren der Saison servieren.

Ricotta-Palatschinken

Diese leckeren und mit einer vorzüglichen Creme gefüllten Palatschinken sind schlichtweg eines unserer absoluten Lieblingsdesserts in diesem Buch. Sie schmecken so gut, dass wir uns wünschten, der Genuss würde niemals enden. Also bitte unbedingt einmal ausprobieren!

Für 4 Portionen
Zubereitungszeit: 20 Minuten
Ruhezeit: 20 Minuten
Backzeit: 30–35 Minuten

Teig
150 g Dinkelmehl Type 630
1 Prise Salz
320 ml Hafermilch
1 Ei
etwas Butter zum Braten + zum Fetten der Form

Füllung
2 Eier
4 EL Zucker
1 TL Zitronenabrieb
500 g Ricotta

Guss
150 ml Sojasahne
1 Ei + 1 Eigelb
1 TL Zucker

Außerdem
Auflaufform 20 × 30 cm
Puderzucker zum Bestäuben

1. Für den Teig das Mehl und das Salz in eine Schüssel geben und kurz vermischen. Dann die Milch und das Ei hinzugeben und mit dem Schneebesen zu einem glatten Teig rühren. Den Teig für 20 Minuten quellen lassen.
2. In der Zwischenzeit die Füllung zubereiten. Hierfür die Eier trennen und das Eiweiß mit 1 EL Zucker sehr steif schlagen. Das Eigelb, den restlichen Zucker und den Zitronenabrieb in eine zweite Schüssel geben und mit dem Handrührer schaumig schlagen. Nun den Ricotta hinzugeben und verrühren. Dann den Eischnee mit einem Teigschaber unterheben.
3. In einer kleinen Pfanne etwas Butter erhitzen und den Teig portionsweise goldgelb ausbacken. Am Ende sollte er 8 Pfannkuchen ergeben.
4. Den Backofen auf 180 °C Ober-/Unterhitze vorheizen. Die Auflaufform leicht mit Butter ausfetten.
5. Nun von der Ricottacreme 2–3 EL in die Mitte jedes Pfannkuchens geben. Dann die Pfannkuchen vorsichtig aufrollen und nebeneinander in die Auflaufform legen.
6. Für den Guss die Sahne, die Eier und den Zucker in eine Schüssel geben, gut verrühren und gleichmäßig über die Pfannkuchenrollen geben. In den Backofen schieben und 30–35 Minuten goldgelb backen. Mit etwas Puderzucker bestäuben und lauwarm servieren.

Baklava

Das ist eine Süßspeise, die ihr wahrscheinlich aus dem Urlaub im Südosten Europas kennt. Dieses Dessert ist beispielsweise in der Türkei oder in Griechenland sehr bekannt und beliebt. Hier eine nicht ganz so süße Variante.

Für 10 Portionen
Zubereitungszeit: 20 Minuten
Backzeit: 20–25 Minuten

Zutaten
1 Packung Filoteig (300 g)
150 g Butter
100 g Pistazien
250 g blanchierte Mandeln
50 g Walnüsse
1 TL Zimt
6 fein gemahlene Kardamomkapseln oder ½ TL gemahlener Kardamom
300 g Rohrohrzucker
1 EL Zitronensaft
1 TL Rosenwasser

Außerdem
Backform 20 × 30 cm

1. Den Filoteig ca. 10 Minuten bei Raumtemperatur ruhen lassen. Alle Teigblätter aufeinanderlegen, die Backform umgedreht auf die Teigblätter legen und mit einem scharfen Messer einmal um die Form schneiden, so dass die Teigblätter die Größe der Form bekommen.
2. Die Butter schmelzen lassen und die Backform damit bestreichen. Den Backofen auf 200 °C Ober-/Unterhitze vorheizen.
3. Pistazien, Mandeln und Walnüsse fein hacken. 2 EL der Mischung für die Garnierung beiseitestellen. Die Nüsse mit dem Zimt und der Hälfte des gemahlenen Kardamoms mischen.
4. Drei Lagen Filoteig in der Form übereinanderlegen, dabei jede Lage dünn mit Butter einstreichen. Nun etwas von der Nussmischung gleichmäßig darauf verteilen und diesen Vorgang so lange wiederholen, bis die Nussmischung aufgebraucht ist.
5. Mit einem scharfen Messer die Teigschichten zu Rechtecken oder zu einem Rautenmuster schneiden. Übrige Butter darübergießen und im Backofen ca. 20–25 Minuten unter Beobachtung goldbraun backen. Sollte der Teig zu braun werden, mit Backpapier abdecken.
6. Während der Backzeit den Zucker, den Zitronensaft, 150 ml Wasser, das Rosenwasser und den restlichen gemahlen Kardamom bei schwacher Hitze ca. 15 Minuten zu einem Sirup einkochen. Baklava aus dem Ofen nehmen und den heißen Sirup gleichmäßig darübergießen. Die beiseitegestellten Nüsse darüberstreuen und etwas abkühlen lassen.

Honigkuchen mit Rosenwassersirup

Ein sehr exotischer Kuchen mit einer feinen orientalischen Note. Er passt ausgezeichnet zu einem Chai Latte, einem Mocca oder auch zu einer guten Tasse Earl Grey. Dadurch werden seine Zitrusnoten noch zusätzlich untermalt und man fühlt sich wie bei 1001 Nacht.

Für 1 Kastenkuchen
Zubereitungszeit: 15 Minuten
Backzeit: 50–60 Minuten

Teig
250 g weiche Butter
50 g brauner Zucker
150 g aromatischer Bio-Blütenhonig
1 TL Orangenabrieb
4 Eier
1 Msp. gemahlener Kardamom
200 g Dinkelmehl Type 630
150 g gemahlene Mandeln
2 TL Safran-Backpulver

Rosenwassersirup
20 g Sesamsamen
60 ml Honig
1 TL Rosenwasser

Außerdem
Kastenform (24 cm Länge)

1. Den Backofen auf 180 °C Ober-/Unterhitze vorheizen. Die Kastenform mit Backpapier auslegen.
2. Für den Teig Butter, Zucker, Honig und Orangenabrieb in eine Rührschüssel geben und mit dem Flachrührer der Küchenmaschine cremig und schaumig schlagen. Nun nach und nach die Eier einzeln untermischen und rühren, bis ein homogener Teig entsteht. Kardamom, Mehl, Mandeln und Backpulver mischen und in drei Portionen unter die Buttermasse rühren.
3. Den Teig in die Kastenform geben und die Oberfläche glattstreichen. Auf der mittleren Schiene für 50–60 Minuten backen. Vor dem Herausnehmen mit einem Holzstäbchen testen, ob der Kuchen fertig ist.
4. Für den Sirup den Sesam in einem Topf anrösten. Dann den Honig und das Rosenwasser dazugeben und etwas einkochen lassen. Den Kuchen gleichmäßig mit dem Sirup übergießen und vor dem Servieren etwas abkühlen lassen. Schmeckt auch kalt sehr gut.

Pfitzauf

Dieses Gericht ist einfach in der Zubereitung und ein echter Klassiker im Schwäbischen. Gerade als Nachtisch oder auch als Hauptgang an Freitagen ist es bei Groß und Klein beliebt.

Für 4 Portionen
Zubereitungszeit: 10 Minuten
Backzeit: 45 Minuten

Zutaten
125 g Weizenmehl
1 Prise Salz
250 ml Milch
2 Eier
1 EL Butter + etwas für die Förmchen
Puderzucker zum Bestäuben
Vanillesauce (Rezept Seite 169) zum Servieren (optional)

Außerdem
4 ofenfeste Förmchen

1. Den Backofen auf 200 °C Ober-/Unterhitze vorheizen.
2. Mehl, Salz, Milch und Eier in eine Schüssel geben und mit dem Schneebesen zu einem glatten Teig verrühren. Die Butter schmelzen und untermischen.
3. Die Förmchen fetten, den Teig bis halbhoch in die Formen füllen und nun auf der mittleren Schiene für ca. 45 Minuten hellbraun backen.
4. Während des Backens die Backofentür nicht öffnen, sonst sacken die Pfitzauf zusammen. Nach der Backzeit im ausgeschalteten Backofen für 10 Minuten ruhen lassen.
5. Aus den Formen lösen, auf einem Teller anrichten, mit Puderzucker bestäuben und mit frischer Vanillesauce servieren.

Tipps
Man kann auch Obstkompott dazu reichen. Ganz schwäbisch isst man die Pfitzauf mit zwei Gabeln.

Orange Curd Pudding

Dieser Pudding ist kein Pudding, wie wir ihn kennen. Es handelt sich eher um eine Art Küchlein. Schmeckt ausgesprochen gut und ist ruckzuck fertig. Also bitte nicht durch den Namen irritieren lassen und unbedingt ausprobieren.

Für 3 Portionen
Zubereitungszeit: 5 Minuten
Backzeit: 25 Minuten

Zutaten
25 g Butter + etwas für die Förmchen
180 ml Milch
2 Eier
50 g Mehl
50 g Zucker
90 g Orange Curd + etwas zum Servieren (optional)
Abrieb einer Bio-Orange
1 TL Vanillepaste
Puderzucker zum Bestäuben

Außerdem
3 ofenfeste Förmchen

1. Den Backofen auf 160 °C Ober-/Unterhitze vorheizen. Drei ofenfeste Förmchen leicht mit Butter fetten.
2. Die Butter schmelzen und leicht abkühlen lassen. Milch, Butter, Eier, Mehl, Zucker, Orange Curd, Orangenabrieb und Vanille in eine Schüssel geben und mit dem Schneebesen kräftig verrühren, bis ein homogener Teig entsteht.
3. Den Teig gleichmäßig in die Schälchen verteilen und auf der mittleren Schiene für 25 Minuten backen. Dann den Pudding lauwarm abkühlen lassen und mit Puderzucker bestäuben. Wer mag, serviert noch extra Orange Curd dazu.

Earl-Grey-Crème-brûlée

Eine Creme, die angebrannt am besten schmeckt? Diese leckere Nachspeise kennt wahrscheinlich jeder. In diesem Rezept lassen wir etwas Bergamotte mit in die Kreation einfließen.

Für 4 Portionen
Zubereitungszeit: 20 Minuten
Ruhezeit: 4 Stunden
Backzeit: 50 Minuten

Zutaten
400 ml Milch
200 ml Sahne
1 Prise Salz
3 Beutel Earl-Grey-Tee
5 Eigelb
55 g Zucker + extra Zucker zum Karamellisieren

Außerdem
4 kleine ofenfeste Förmchen
Handbunsenbrenner

1. Die Milch, die Sahne und das Salz in einen Topf geben und aufkochen lassen. Dann vom Herd ziehen und die Teebeutel 10 Minuten darin ziehen lassen. Danach die Beutel etwas ausdrücken.
2. Die Eigelbe mit dem Zucker in einem großen Messbecher kurz verquirlen und dann die heiße Milch in einem dünnen Strahl unter ständigen Rühren hinzufügen. Dann die Masse durch ein Sieb direkt in die Förmchen gießen.
3. Den Backofen auf 150 °C Ober-/Unterhitze vorheizen.
4. Ein tiefes Backblech mit heißem Wasser befüllen, so dass die Förmchen etwa 2 cm tief im Wasser stehen. Nun 50 Minuten backen. Aus dem Ofen nehmen und 4 Stunden abkühlen lassen.
5. Nach dem Abkühlen und erst vor dem Servieren mit je 2–3 TL Zucker bestreuen und mit einem Handbunsenbrenner den Zucker karamellisieren lassen.

Fruchtiger Genuss

Erdbeer-Mango-Cobbler

Dieses Cobbler Rezept ist nicht nur extrem einfach, sondern auch extrem lecker. Statt frischen könnt ihr gefrorene Erdbeeren verwenden. Der Cobbler schmeckt ebenfalls sehr gut mit Birnen, Äpfeln oder anderen Früchten, die gerade Saison haben.

Für 2–4 Portionen
Zubereitungszeit: 10 Minuten
Backzeit: 45 Minuten

Füllung
200 g Erdbeeren, frisch oder TK
200 g Mango
25 g Zucker
7 g Maisstärke
½ TL Vanillepaste

Teig
90 g Mehl
½ TL Backpulver
30 g Zucker
40 g kalte Butter + etwas zum Fetten der Form
60 ml Buttermilch + etwas zum Bestreichen

Außerdem
Joghurt oder Eis zum Servieren (optional)

1. Den Backofen auf 200 °Ober-/Unterhitze vorheizen. Eine Auflaufform leicht fetten.
2. Erdbeeren und Mango putzen und in Spalten bzw. Würfel schneiden. Mit Zucker, Stärke und Vanille mischen und in eine Auflaufform geben.
3. Für den Teig Mehl, Backpulver und Zucker in einer Schüssel vermischen. Dann die Butter in Würfeln hinzufügen und alles mit den Händen verkneten. Zum Schluss die Buttermilch unter den Teig mengen. Sollte der Teig zu sehr kleben, einfach 1 EL Mehl hinzufügen.
4. Den Teig auf eine leicht bemehlte Arbeitsfläche geben, leicht ausrollen und in vier Teile teilen. Dann die Teigstücke auf den Früchten verteilen und mit etwas Buttermilch bestreichen.
5. Auf der mittleren Schiene 45 Minuten goldbraun backen. Mit Joghurt oder Eis servieren.

Vegane Bananen-Scones

Diese Bananen-Scones sind köstlich. Sie vereinen den Geschmack von Bananenbrot und die Textur von Scones in sich. Alles, was man sich zum Frühstück wünscht!

Für 8 Scones
Zubereitungszeit: 15 Minuten
Ruhezeit: 20 Minuten
Backzeit: 20 Minuten

Teig
350 g Mehl + etwas zum Arbeiten
1 EL Backpulver
40 g Rohrohrzucker + etwas zum Bestreuen
½ TL Zimt
110 g kalte vegane Butter
40 g zerdrückte Banane + 1 reife Banane
70 ml Hafersahne (Hafercuisine) + etwas zum Bestreichen
50 ml Hafermilch

Zimtglasur
60 g Puderzucker
¼ TL Zimt
½–1 TL Hafersahne

1. In einer großen Schüssel Mehl, Backpulver, Zucker und Zimt miteinander vermischen. Die Butter würfeln und zur Mehlmischung geben. Nun mit den Händen die Butter in das Mehl einarbeiten.
2. Dann die zerdrückte Banane, die Hafersahne und die Hafermilch zur Mehlmischung geben und mit einem Löffel vermischen. Zum Schluss kurz mit den Händen verkneten.
3. Etwas Mehl auf einer Arbeitsfläche verstreuen und den Teig daraufgeben. Den Teig halbieren und aus jeder Hälfte einen Kreis formen.
4. Die Banane schälen, in Scheiben schneiden und auf einem der Kreise verteilen. Dabei einen kleinen Rand lassen. Mit etwas Zucker bestreuen. Dann den zweiten Kreis auf den anderen setzen, die Ränder andrücken und alles schön rund formen. Nun für 20 Minuten in den Kühlschrank stellen.
5. Den Backofen auf 200 °C Ober-/Unterhitze vorheizen und ein Backblech mit Backpapier auslegen.
6. Den Teig aus dem Kühlschrank nehmen und mit einem scharfen großen Messer in acht gleich große Stücke teilen. Die Stücke mit etwas Abstand auf das Backpapier setzen und mit Hafersahne bestreichen. Nun für 20 Minuten goldbraun backen.
7. Für die Glasur den Puderzucker mit dem Zimt mischen und die Sahne unterrühren. Die Scones lauwarm abkühlen lassen und mit der Glasur beträufeln.

Ingwer-Küchlein mit getrockneten Aprikosen

Ein würziges Küchlein mit dezentem Ingwergeschmack. Statt Aprikosen könnt ihr auch Feigen, Datteln oder Rosinen nehmen.

Für 2 Portionen
Zubereitungszeit: 10 Minuten
Backzeit: 30–35 Minuten

Zutaten
35 g brauner Zucker
90 ml kochendes Wasser
60 g Butter
30 g getrocknete Aprikosen
90 g Dinkelmehl
35 g Vollrohrzucker
½ TL Ingwerpulver
90 ml Milch
1 Ei
½ TL Vanillepaste
Vanilleeis oder Vanillesauce (Rezept Seite 169) zum Servieren (optional)

Außerdem
2 Förmchen à 200 ml

1. Den Backofen auf 200 °C Ober-/Unterhitze vorheizen.
2. Den braunen Zucker in ein Schälchen geben, mit 90 ml kochendem Wasser übergießen und verrühren. Die Zuckerlösung beiseitestellen.
3. Die Butter in einen kleinen Topf geben und schmelzen lassen. Beiseitestellen und etwas abkühlen lassen. Die Aprikosen in kleine Würfel schneiden.
4. Mehl, Zucker, Ingwer, Milch, Ei, Vanille, Aprikosen und Butter in eine Schüssel geben und verrühren. Den Teig in die Förmchen füllen und mit 1–2 EL der Zuckerlösung beträufeln. Auf der mittleren Schiene 30–35 Minuten goldbraun backen. Warm servieren. Dazu passen Vanilleeis oder Vanillesauce.

Gebackene Croissants mit Beeren

Sehr lecker und völlig simpel in der Zubereitung ist diese tolle Beeren-Croissant-Variation. Einfach gute Croissants vom Bäcker mit den richtigen Zutaten aufpimpen. So werden diese zu einem köstlichen Nachtisch oder auch Frühstückchen verzaubert.

Für 4–6 Portionen
Zubereitungszeit: 10 Minuten
Ruhezeit: 10 Minuten
Backzeit: 40–45 Minuten

Zutaten
Butter für die Form
5 Buttercroissants oder Laugencroissants
4 Eier
240 ml Milch
1 Vanilleschote
¼ TL Zimt
1 Prise Salz
20 g Zucker
120 g Brombeeren oder Heidelbeeren, frisch oder TK
frische Beeren, Ahornsirup oder Eis zum Servieren (optional)

1. Eine Auflaufform mit Butter einfetten. Den Backofen auf 180 °C Ober-/Unterhitze vorheizen.
2. Die Croissants einmal in der Mitte quer durchschneiden, so dass zwei gleich dicke Hälften entstehen.
3. In einer großen Schüssel die Eier, die Milch, das Mark der Vanilleschote, den Zimt, das Salz und den Zucker gut verquirlen. Nun die Croissanthälften zu der Eiermischung geben und alles gut vermischen und etwas vollsaugen lassen.
4. Dann einen Teil der Croissants in die vorbereitete Auflaufform geben und mit der Hälfte der Beeren belegen. Die restlichen Croissants und Beeren gleichmäßig darüber schichten. Zum Schluss wird alles mit der übrig gebliebenen Eiermischung übergossen.
5. Alles noch 10 Minuten abgedeckt ziehen lassen und anschließend auf der mittleren Schiene 40–45 Minuten backen, bis die Croissants goldbraun und knusprig sind. Sollte die Oberfläche zu schnell dunkel werden, am besten mit Backpapier abdecken. Den Croissant-Auflauf lauwarm und mit frischen Beeren, Ahornsirup oder Eis servieren.

Unser Herbsttipp
Man kann statt Beeren auch Feigen, Birnen oder Äpfel verwenden.

Mini-Beeren-Pavlovas

Leicht, locker und ohne Teig: Das sind Pavlovas, ein mit Früchten und Sahne garniertes Eiweiß-Schiffchen – so könnte man zumindest die Form umschreiben. Sie sind ruckzuck fertig und passen vor allem zu kräftigem Schwarztee oder zu starkem Kaffee.

Für 6 Stück
Zubereitungszeit: 10 Minuten
Backzeit: 50 Minuten

Zutaten
4 Eiweiß
1 Prise Salz
200 g feiner Zucker
1 TL Essig
300 ml Schlagsahne
100 g Brombeeren, frisch oder TK
100 g Himbeeren, frisch oder TK
Sahne und Beeren zum Servieren (optional)

1. Den Backofen auf 120 °C Ober-/Unterhitze vorheizen.
2. Die Eiweiße und das Salz in eine Rührschüssel geben und mit dem Schneebesen der Küchenmaschine sehr steif schlagen. Dann nach und nach den Zucker hinzufügen. Zum Schluss den Essig hinzugeben und 1 Minute weiterschlagen, bis ein kompaktes Baiser entstanden ist.
3. Nun von der Baisermasse mithilfe von zwei Esslöffeln sechs gleich große Kleckse auf ein Backpapier geben und die Masse leicht rund formen. Im Ofen auf der untersten Schiene ca. 50 Minuten „trocknen" lassen. Wenn das Baiser hart ist, aus dem Ofen nehmen.
4. Die Pavlovas lauwarm servieren. Vor dem Servieren mit geschlagener Sahne bestreichen und mit frischen Beeren oder Früchten der Saison garnieren.

Aprikosen-Kardamom-Schnecken

Hefeteig in Schneckenform, dazu Aprikosen und ein Hauch von Kardamom. Dieses Gebäck schmückt jede Kaffeetafel und wird Partygäste garantiert verzücken. Probiert es einfach aus!

Für 12 Stück
Zubereitungszeit: 20 Minuten
Ruhezeit: 2–3 Stunden
Backzeit: 10–12 Minuten

Teig
350 g Weizenmehl Type 1050
60 g Zucker
3 gemahlene Kardamomkapseln oder ¼ TL gemahlener Kardamom
1 Prise Salz
220 ml lauwarme Hafermilch
10 g frische Hefe
55 g weiche Butter

Pudding
200 ml Hafermilch
17 g Vanillepuddingpulver

Füllung
80 g weiche Butter
1 TL Vanillezucker
1 Msp. gemahlener Kardamom
50 g Zucker

Außerdem
Muffinform mit 12 Mulden
ca. 60 g Aprikosenkompott (Rezept Seite 170 statt mit Äpfeln mit Aprikosen zubereiten)
Puderzucker zum Bestäuben

1. Mehl, Zucker, Kardamom und Salz in einer Rührschüssel vermischen. Dann Hafermilch und Hefe dazugeben und kurz vermengen. Die Butter hinzugeben und alles mit dem Knethaken der Küchenmaschine für 8 Minuten auf mittlerer Stufe kneten. Anschließend mit einem Tuch abdecken und für 1–2 Stunden ruhen lassen. Der Teig soll sein Volumen verdoppeln.
2. In der Zwischenzeit 50 ml Hafermilch mit dem Puddingpulver verrühren. 150 ml Hafermilch zum Kochen bringen und das aufgelöste Pulver unter Rühren hinzufügen und 1 Minute kochen lassen. Mit Frischhaltefolie abdecken und abkühlen lassen.
3. Die Zutaten für die Füllung in eine Schüssel geben und gut verrühren.
4. Den Teig zu einem großen Rechteck ausrollen und dann mit der Butter-Vanille-Füllung bestreichen. Von einer Seite aufrollen und in 12 gleich große Stücke schneiden.
5. Eine Muffinform etwas fetten und nun die Schnecken mit der Schnittfläche nach oben einsetzen. Nochmals abdecken und etwa 1 Stunde gehen lassen oder bis sich das Volumen verdoppelt hat.
6. Den Backofen auf 200 °C Ober-/Unterhitze vorheizen.
7. Den Vanillepudding mit Hilfe eines Spritzbeutels in die Mitte der Schnecken spritzen und 1 EL Kompott daraufgeben. Auf der mittleren Schiene für 10–12 Minuten goldbraun backen. Etwas abkühlen lassen und mit Puderzucker bestäuben.

Lemon Mug Cake

Ein „Tassenkuchen" aus dem Ofen, der sehr gut selbst zu machen ist. Er hat genau die richtige Größe und schmeckt fein nach Zitrone.

Für 3 Mug Cakes
Zubereitungszeit: 5 Minuten
Backzeit: 30 Minuten

Zutaten
80 g Butter + etwas für die Förmchen
90 g Zucker
90 g Mehl
2 Eier
1 TL Vanillepaste
120 g Lemon Curd
Puderzucker zum Bestäuben

Außerdem
3 ofenfeste Förmchen oder Tassen
Sahne oder Eis zum Servieren (optional)

1. Den Backofen auf 160 °C Ober-/Unterhitze vorheizen. Drei ofenfeste Förmchen mit etwas Butter fetten und beiseitestellen.
2. Für den Teig die Butter schmelzen und etwas abkühlen lassen. Zucker, Butter, Mehl, Eier, Vanille und Lemon Curd in einen Standmixer geben und so lange mixen, bis der Teig cremig und geschmeidig ist.
3. Den Teig in die Förmchen geben und 30 Minuten auf der mittleren Schiene backen, bis die Oberfläche goldbraun ist. Mit etwas Puderzucker bestäuben und lauwarm servieren. Dazu passen geschlagene Sahne oder eine Kugel Eis.

Zitronen-Dutch-Baby

Ein Dutch Baby ist eine Version des bei uns bekannten Pfannkuchens – nur eben etwas dicker und runder sozusagen. In diesem Rezept verfeinern wir ihn noch zusätzlich mit Pfirsichen und Blaubeeren.

Für 2 Portionen
Zubereitungszeit: 10 Minuten
Backzeit: 20 Minuten

Zutaten
2 Eier
120 ml Milch
70 g Dinkelmehl
Abrieb einer Bio-Zitrone
2 EL Zucker
2 EL Butter
2 Pfirsiche, z. B. Plattpfirsiche
80 g Blaubeeren
1 Prise Tonkabohne
Eis, Joghurt oder Sahne zum Servieren (optional)

Außerdem
ofenfeste Pfanne

1. Den Backofen auf 200 °C Ober-/Unterhitze vorheizen.
2. Eier, Milch, Mehl, Zitronenabrieb und 1 EL Zucker in eine große Rührschüssel geben und mit dem Schneebesen zu einem glatten Teig rühren.
3. Die Butter in eine ofenfeste Pfanne geben, in den Backofen stellen und schmelzen lassen, bis sie anfängt zu schäumen.
4. Nun den Teig in die heiße Pfanne geben und gleich wieder in den Ofen stellen. Für 20 Minuten backen, bis der Teig sich schön nach oben wölbt.
5. In der Zwischenzeit die Pfirsiche waschen, entsteinen, in Spalten schneiden und mit den Blaubeeren mischen. 1 EL Zucker mit dem Tonkabohnenabrieb vermengen und zu den Pfirsichen geben.
6. Den Pfannkuchen aus dem Ofen nehmen, mit den Früchten und einer Kugel Eis, Joghurt oder geschlagener Sahne servieren.

Unser Wintertipp
Statt Blaubeeren und Pfirsichen könnt ihr auch reife, süße Birnen verwenden.

Pfirsich-Babka

Ein Hefeteigzopf in leckerer Begleitung von Pfirsich und Vanille. Babka kommt vor allem in Russland, Weißrussland, der Ukraine und im Kaukasus auf den Tisch.

Für 1 Kastenkuchen
Zubereitungszeit: 30 Minuten
Ruhezeit: 1 Stunde 50 Minuten
Backzeit: 30–35 Minuten

Hefeteig
500 g Mehl
1 Pck. Trockenhefe
1 Prise Salz
20 g Zucker
100–120 ml Milch
120 g Butter
2 Eier

Füllung
180 g Pfirsiche, frisch oder TK
150 g Zucker
1 TL Vanillepaste oder Mark einer Vanilleschote
1 TL Stärke

Außerdem
etwas Sojasahne zum Bestreichen
Kastenform (25 cm Länge)

1. Die Kastenform mit Backpapier auslegen.
2. Für den Hefeteig Mehl, Hefe, Salz und Zucker in eine große Rührschüssel geben und vermischen. Milch, Butter und Eier zugeben und mit dem Knethaken der Küchenmaschine ca. 10 Minuten auf mittlerer Stufe kneten. Anschließend den Teig abgedeckt an einen warmen Ort stellen und 1 Stunde gehen lassen oder bis sich der Teig verdoppeln hat.
3. In der Zwischenzeit die Pfirsiche waschen, entsteinen und würfeln. Pfirsiche samt Zucker und Vanille in einen Topf geben und 10 Minuten köcheln lassen. Dann die Stärke mit 1 EL kaltem Wasser verrühren und zum Kompott geben. Gut verrühren und 1 Minute köcheln lassen. Anschließend beiseitestellen und abkühlen lassen.
4. Den Teig auf einer bemehlten Fläche zu einem Rechteck ausrollen. Mit dem Kompott bestreichen und einen 1–2 cm breiten Rand lassen. Nun den Teig von der langen Seite her aufrollen und mit einem scharfen Messer einmal längs halbieren. Dann beide Stränge übereinanderschlagen. Die Enden etwas andrücken und die Babka in die gefettete oder mit Backpapier ausgelegte Kastenform legen. Nochmals abdecken und 40–50 Minuten ruhen lassen. Mit Sojasahne bestreichen.
5. Den Backofen auf 180 °C Ober-/Unterhitze vorheizen und die Babka 30–35 Minuten backen. In der Form etwas abkühlen und dann auf einem Gitter lauwarm abkühlen lassen.

Aprikosen-Clafoutis

Eine französische Nachspeise, die mit wenig Mehl auskommt. Die Früchte werden in eine köstliche Masse eingebettet. Das Ergebnis ist schlichtweg genial!

Für 4 Portionen
Zubereitungszeit: 10 Minuten
Backzeit: 45 Minuten

Zutaten
15 g Butter + 1 EL für die Form
350 g Aprikosen
75 g Dinkelmehl Type 630
80 g Rohrohzucker
2 Eier
1 TL Vanillepaste oder das Mark einer Vanilleschote
150 ml Hafermilch
2–3 EL brauner Zucker (optional)
geschlagene Sahne zum Servieren (optional)

Außerdem
Auflaufform (Länge 23 cm)

1. Den Backofen auf 180 °C Ober-/Unterhitze vorheizen.
2. Die Butter schmelzen lassen und danach lauwarm abkühlen lassen. Die Aprikosen waschen, halbieren und entkernen. Die Auflaufform mit 1 EL Butter fetten und die Aprikosen dicht an dicht in die Form legen.
3. Nun das Mehl, den Zucker, die Eier, die Vanille, die Hafermilch und die geschmolzene Butter in eine Schüssel geben und mit einem Schneebesen gut verrühren. Die Teigmischung über die Aprikosen geben und mit 2–3 EL braunem Zucker (optional) bestreuen. Auf der mittleren Schiene für ca. 45 Minuten goldbraun backen.
4. Den Clafoutis lauwarm am besten mit etwas geschlagener Sahne servieren.

Birnenpfanne mit Vanille

Dieses feine Birnen-Dessert kommt in der herbstlichen Zeit des Öfteren bei uns auf den Tisch. Statt Vanille passt auch eine Prise Kardamom sehr gut.

Für 2–4 Portionen
Zubereitungszeit: 15 Minuten
Ruhezeit. 30 Minuten
Backzeit: 45 Minuten

Zutaten

150 ml Sahne
20 g Butter + etwas zum Fetten der Form
1 Vanilleschote
30 g Dinkelmehl
2 Eier
1 Prise Salz
20 g + 2 EL Rohrohrzucker
2 reife, aber feste Birnen (ca. 260 g)
2 EL Schmand
1 TL Puderzucker

Außerdem

flache runde Auflaufform (20 × 20 cm) oder gusseiserne Pfanne

1. Die Sahne und die Butter in einem kleinen Topf erhitzen, bis die Butter geschmolzen ist, aber die Sahne nicht kocht.
2. Die Vanilleschote der Länge nach aufschneiden und das Vanillemark herauskratzen. Das Mehl sieben. In einer mittelgroßen Schüssel die Eier und die Hälfte des Vanillemarks mit dem Schneebesen verquirlen. Dann das Mehl, das Salz und 20 g Zucker hinzufügen.
3. Die lauwarme Sahne-Butter-Mischung unter Rühren in die Mehlmischung geben und alles glatt rühren. Der Teig ist sehr dünn. Nun bei Zimmertemperatur für mindestens 30 Minuten ruhen lassen.
4. Den Backofen auf 180 °C Ober-/Unterhitze vorheizen.
5. Die Birnen schälen, halbieren und entkernen. Dann in 2 cm dicke Scheiben schneiden. Die Auflaufform mit Butter einfetten und auf den Boden etwas Zucker streuen. Alternativ könnt ihr eine gusseiserne Pfanne verwenden.
6. Nun die Birnen in der Form platzieren und den Teig darübergießen, so dass die Birnen gerade bedeckt sind. Auf der mittleren Schiene für 45 Minuten backen, bis die Ränder sich aufwölben und goldbraun sind.
7. Den Schmand mit der restlichen Vanille und dem Puderzucker mischen und bis zur Verwendung in den Kühlschrank stellen.
8. Die Birnenpfanne warm mit der Creme servieren.

Kirschen-Ofenschlupfer mit Vanillesauce

Ein einfaches, bekanntes und traditionelles Ofengericht. Hier kommt Zwieback zum Einsatz. Dieser ergibt in der Liaison mit Kirschen und Mandeln ein vorzügliches Dessert.

Für 4–6 Portionen
Zubereitungszeit: 10 Minuten
Backzeit: 40–45 Minuten

Zutaten
20 g Butter
350 g Süßkirschen (aus dem Glas)
4 Eier
500 ml Hafermilch
1 Pck. Bourbon-Vanillezucker
210 g Zwieback
1 Handvoll Mandelblättchen
Vanillesauce (Rezept Seite 169) zum Servieren (optional)

1. Den Backofen auf 180 °C Ober-/Unterhitze vorheizen. Eine Auflaufform mit etwas Butter gut fetten und dann beiseitestellen.
2. Die Süßkirschen in ein Sieb geben und abtropfen lassen.
3. Die Eier mit der Hafermilch und dem Vanillezucker in eine Schüssel geben und mit dem Schneebesen gut vermischen.
4. Nun zuerst eine Schicht Zwieback in die Auflaufform legen. Dann einige Kirschen darauf verteilen. Den übrigen Zwieback und die Kirschen abwechselnd in die Form schichten. Zum Schluss alles mit der Eiermilch übergießen und mit den Mandeln bestreuen. Die restliche Butter in Flocken auf dem Auflauf verteilen.
5. Im Backofen auf der mittleren Schiene 40–45 Minuten goldgelb backen. Am besten lauwarm und mit Vanillesauce servieren.

Unser Wintertipp
Statt Kirschen kann man auch die gleiche Menge Äpfel plus zusätzlich 3 EL Rosinen verwenden.

Schneller Zwetschgen-Mandelkuchen

Leckere Zwetschgen in Kombination mit einem herrlich nach Zimt duftenden Teig. So kennen und lieben wir diesen Klassiker!

Für 4–6 Portionen
Zubereitungszeit: 10 Minuten
Backzeit: 30–35 Minuten

Zutaten

100 g Butter + etwas für die Form
50 g brauner Zucker
30 g Rohrohrzucker + 1–2 EL zum Bestreuen
2 Eier
1 TL Vanillepaste oder das Mark einer Vanilleschote
90 g Dinkelmehl
60 g gemahlene Mandeln
½ TL Backpulver
1 Prise Ceylon-Zimt
5–6 Zwetschgen
80 g Mandelblättchen

Außerdem

Springform (20 cm Ø)

1. Den Backofen auf 175 °C Ober-/Unterhitze vorheizen. Den Springformboden mit Backpapier auslegen und den Rand fetten.
2. Die Butter und beide Zuckersorten in eine Schüssel geben und mit dem Handrührgerät schaumig schlagen. Die Eier und die Vanille zur Buttermasse geben und kurz weiterschlagen. Das Mehl, die Mandeln, das Backpulver und den Zimt mischen und unter den Teig rühren. Den Teig in die Springform einfüllen und glattstreichen.
3. Die Zwetschgen waschen, halbieren, entsteinen und mit der Schnittfläche nach oben leicht in den Teig drücken. Mit 1–2 EL Zucker bestreuen.
4. Die Mandeln über den Kuchen streuen und diesen für 30–35 Minuten auf der mittleren Schiene backen. Leicht abkühlen lassen, dann aus der Form lösen und servieren.

Kirsch-Pflaumen-Clafoutis

Für alle Fans des französischen Dessert-Klassikers. Eine schöne Nachspeise mit wenig Mehl und frischen Früchten.

Für 4–6 Portionen
Zubereitungszeit: 15 Minuten
Backzeit: 30–35 Minuten

Zutaten
40 g Butter + etwas für die Form
3 Eier
30 g Zucker
1 TL Vanilleextrakt
1 Prise Salz
30 g gemahlene Mandeln
30 g Dinkelmehl Type 630
30 g Reismehl
1 TL Backpulver
150 ml Sojamilch
350 g gemischte Früchte, z. B. Kirschen und Pflaumen, frisch oder TK bzw. aus dem Glas
Puderzucker zum Bestäuben

Außerdem
Tarteform (24 cm Ø)

1. Den Backofen auf 200 °C Ober-/Unterhitze vorheizen. Die Tarteform etwas fetten und beiseitestellen.
2. Die Butter schmelzen und etwas abkühlen lassen.
3. Eier, Zucker, Vanille und Salz in eine Schüssel geben und mit dem Schneebesen verquirlen. Mandeln, Dinkelmehl, Reismehl und Backpulver mischen und dann unter die Eiermasse rühren.
4. Die Butter und die Sojamilch zur Eiermasse geben und alles zu einem homogenen Teig rühren. Die Teigmasse in die vorbereitete Tarteform geben.
5. Die Pflaumen und Kirschen bei Bedarf entsteinen, halbieren und die Pflaumen gegebenenfalls in Spalten schneiden. Auf dem Teig verteilen. Auf der mittleren Schiene 30–35 Minuten goldgelb backen. Mit Puderzucker bestäuben und lauwarm oder abgekühlt servieren.

Rohrnudeln mit Zwetschgen

Man nehme gute Zwetschgen, einen schnell und einfach gemachten Hefeteig und verbinde diese beiden nebst einiger weniger anderer Zutaten zu einem feinen, aromareichen Ofengericht.

Für 6 Portionen
Zubereitungszeit: 20 Minuten
Ruhezeit: 1 Stunde 30 Minuten
Backzeit: 50 Minuten

Hefeteig
500 g Dinkelmehl Type 630
50 g Rohrohrzucker
1 Pck. Trockenhefe
1 Prise Salz
250 ml lauwarme Milch
125 g weiche Butter
1 Ei

Füllung
700 g Zwetschgen
70 g Rohrohrzucker
30 g brauner Zucker
1 EL Mehl
1 TL Vanillepaste
Saft einer ½ Zitrone

Außerdem
Auflaufform (24 cm Länge)
Sojasahne zum Bestreichen
Puderzucker zum Bestäuben
Vanillesauce (Rezept Seite 169) zum Servieren (optional)

1. Für den Hefeteig Mehl, Zucker, Hefe und Salz in eine Rührschüssel geben und vermischen. Milch, Butter und Ei hinzugeben und mit dem Knethaken der Küchenmaschine 3–4 Minuten auf mittlerer Stufe kneten. Der Teig soll sich vom Schüsselrand lösen. Dann den Teig abdecken und an einem warmen Ort 1 Stunde gehen lassen oder bis sich sein Volumen verdoppelt hat.
2. In der Zwischenzeit die Zwetschgen entkernen und grob würfeln. In eine Auflaufform geben und mit beiden Zuckersorten, dem Mehl, der Vanille und dem Zitronensaft gut vermischen.
3. Wenn der Teig aufgegangen ist, auf eine leicht bemehlte Arbeitsplatte geben und den Teig in 10–12 gleich große Stücke teilen. Diese dann zu Kugeln formen und auf die Zwetschgen setzen. Nochmals 20–30 Minuten ruhen lassen.
4. Den Backofen auf 180 °C Ober-/Unterhitze vorheizen.
5. Die Rohrnudeln mit Sojasahne bepinseln und auf der mittleren Schiene 50 Minuten goldbraun backen. Aus dem Ofen nehmen und lauwarm mit Puderzucker und Vanillesauce servieren.

Nektarinen-Olivenöl-Kuchen

Nektarinen, Kuchen und dann noch Olivenöl – das klingt zwar ungewöhnlich, doch ihr solltet den Kuchen unbedingt ausprobieren: Er schmeckt vorzüglich und ist so einfach zubereitet.

Für 9 Stücke
Zubereitungszeit: 10 Minuten
Backzeit: 40–45 Minuten

Zutaten
4 kleine Nektarinen
60 g Blaubeeren
2 Eier
120 g Joghurt
150 ml Olivenöl
100 g Rohrzucker
Mark einer Vanilleschote oder 1 TL Vanillepaste
180 g Dinkelmehl Type 630
1 TL Backpulver
½ TL Natron

Außerdem
Backform (22 × 22 cm)

1. Den Backofen auf 180 °C Ober-/Unterhitze vorheizen. Die Backform mit Backpapier auslegen und beiseitestellen.
2. Die Nektarinen waschen, entkernen und in Spalten schneiden. Die Blaubeeren waschen.
3. Für den Teig die Eier, den Joghurt, das Olivenöl, den Zucker und die Vanille in eine Schüssel geben und mit dem Schneebesen gut verrühren.
4. Das Mehl, das Backpulver und das Natron mischen und dann in die Öl-Joghurt-Masse sieben. Mit einem Schneebesen verrühren und den Teig in die Backform geben. Erst die Nektarinen darauf verteilen und dann die Blaubeeren.
5. Auf der mittleren Schiene 40–45 Minuten goldgelb backen. Etwas abkühlen lassen und dann anschneiden.

Äpfel im Schlafrock

Schon als Kind geliebt, kommt der Apfel im Teigmantel auch heute noch gerne bei uns auf den Tisch. Am liebsten mit viel Vanillesauce.

Für 4 Portionen
Zubereitungszeit: 15 Minuten
Ruhezeit: 1 Stunde
Backzeit: 30 Minuten

Zutaten

200 g Dinkelmehl + etwas zum Arbeiten
20 g + 1 EL Rohrohrzucker
1 Prise Salz
100 g kalte Butter
4 mittelgroße Äpfel (Boskoop passen gut)
50 g Butter
1 EL Semmelbrösel
½ TL Zimt
2 cl Rum
Vanillesauce (Rezept Seite 169) zum Servieren (optional)

1. Für den Teig Mehl, 20 g Zucker und Salz in einer Rührschüssel vermischen. Dann die Butter in Würfeln dazugeben. Mit den Händen verkneten und 2–3 EL kaltes Wasser hinzufügen. Nun alles zügig zu einem homogenen Teig verkneten. Zu einem Ziegel formen und in Frischhaltefolie wickeln. Den Teig für etwa 1 Stunde in den Kühlschrank stellen.
2. Die Äpfel schälen und das Kerngehäuse ausstechen.
3. Den Backofen auf 180 °C Ober-/Unterhitze vorheizen.
4. Den Teig aus dem Kühlschrank nehmen und auf einer leicht bemehlten Arbeitsfläche ca. 3 mm dick ausrollen. Dann vier Quadrate ausschneiden und die Äpfel jeweils mittig auf die Teigstücke platzieren. Den Teig um die Äpfel legen und schön rund formen, so dass der gesamte Apfel mit Teig bedeckt ist.
5. Die Äpfel in eine Auflaufform oder auf ein Backblech setzen und im Ofen für 30 Minuten backen.
6. Währenddessen die Butter schmelzen lassen. Dann Semmelbrösel, 1 EL Zucker, Zimt und Rum hinzufügen und verrühren.
7. Wenn die Äpfel fertig sind, diese auf Teller platzieren und 1–2 EL der Rum-Butter darübergeben. Dazu passt Vanillesauce.

Bratapfel mit Nussfüllung

Dieses Bratapfel-Rezept ist einfach perfekt für die kalte Jahreszeit. Der Apfel wird am besten warm mit einer feinen Vanillesauce serviert. Sonnenblumenkerne oder Cashewkerne können dieser Nussmischung noch verfeinernd hinzugefügt werden.

Für 4 Äpfel
Zubereitungszeit: 10–15 Minuten
Backzeit: 30–35 Minuten

Zutaten
4 Äpfel (wahlweise Boskoop, Topaz oder Gala)
2 Medjool-Datteln
115 g gemischte Nüsse (z. B. Mandeln, Walnüsse, Haselnüsse)
1 EL Butter oder Kokosöl + etwas zum Fetten der Form
¼ TL Zimt
Vanillesauce (Rezept Seite 169) oder Eis zum Servieren

1. Den Backofen auf 180 °C Ober-/Unterhitze vorheizen.
2. Die Äpfel waschen, für den Deckel die Oberseite ca. 2 cm breit abschneiden und das Kerngehäuse am besten mit einem Kugelausstecher entfernen, so dass ein stabiler, etwa 1 cm breiter Rand stehen bleibt.
3. Die Datteln entkernen und klein schneiden. Die Nüsse auf ein Brett geben und grob hacken.
4. Die Butter oder das Öl in einer Pfanne erhitzen und die Nüsse, die Datteln und den Zimt dazugeben und gut vermischen. 5 Minuten auf mittlerer Hitze rösten.
5. Eine Auflaufform mit etwas Butter oder Öl ausreiben, die Äpfel in die Backform setzen und mit der Nussmasse füllen. Den Deckel daraufsetzen und die Äpfel auf der mittleren Schiene 30–35 Minuten backen. Je nach Apfelsorte kann der Bratapfel auch schon etwas früher fertig sein. Dazu passen selbstgemachte Vanillesauce oder eine Kugel Eis.

Buchteln mit Fruchtfüllung

Buchteln – so wird dieses Hefegebäck hier bei uns im Südwesten genannt, andernorts heißt diese fabelhafte Süßspeise auch Ofen- oder Rohrnudel. Hier ein Rezept mit Aprikosen- und Johannisbeermarmelade.

Für 10–12 Portionen
Zubereitungszeit: 1 Stunde
Ruhezeit: 1 Stunde 30 Minuten
Backzeit: 30 Minuten

Zutaten

60 g Butter + etwas für die Form
500 g Weizenmehl Type 550 + etwas zum Arbeiten
1 Pck. Trockenhefe
50 g Zucker
220 ml lauwarme Soja- oder Hafermilch
1 Ei
je 5–6 EL Aprikosenmarmelade und Schwarze-Johannisbeer-Marmelade
Sojasahne oder 1 Ei zum Bestreichen
Puderzucker zum Bestäuben
Vanillesauce (Rezept Seite 169) zum Servieren (optional)

1. Eine Auflaufform fetten und beiseitestellen.
2. Das Mehl, die Trockenhefe und den Zucker in eine Rührschüssel geben und vermischen. Dann die Butter, die Milch und das Ei hinzufügen und mit dem Knethaken der Küchenmaschine 8–10 Minuten auf mittlerer Stufe kneten.
3. Den Teig mit einem Küchenhandtuch abdecken und an einem warmen Ort 1 Stunde gehen lassen oder bis er sein Volumen verdoppelt hat.
4. Den Teig auf einer leicht bemehlten Arbeitsfläche durchkneten und in 10–12 gleich große Portionen teilen. Jede Portion flach drücken und 1 EL Marmelade nach Wahl in die Mitte geben. Jeweils den Teig zusammenklappen und zu einer Kugel formen.
5. Die Teigkugeln mit dem Verschluss nach unten in die Form setzen. Zugedeckt weitere 30 Minuten ruhen lassen.
6. Den Backofen auf 180 °C Ober-/Unterhitze vorheizen.
7. Nun die Teigkugeln mit Sojasahne oder verquirltem Ei bestreichen und 30 Minuten backen. Aus dem Ofen nehmen, etwas abkühlen lassen und dann mit Puderzucker bestäubt servieren. Dazu passt Vanillesauce.

Birnen-Quark-Grießauflauf

Ein feiner und zugleich aromatischer Grießauflauf mit Kardamom, Ingwer und Zimt. Je nach Saison kann man die Birne auch durch frische Beeren ersetzen und statt Kardamom gerne Vanille verwenden.

Für 4 Portionen
Zubereitungszeit: 15 Minuten
Backzeit: 30–35 Minuten

Zutaten
Butter für die Form
4 Eier
1 Prise Salz
40 g Rohrohrzucker + etwas mehr zum Bestreuen
1 TL Kardamom oder 4 frisch gemahlene Kardamomkapseln
½ TL Ceylon-Zimt
¼ TL Ingwer
500 g Sahnequark (40 %)
75 g Weichweizengrieß
200 g reife, aber feste Birnen
2–3 EL Mandelblättchen
Puderzucker zum Bestäuben (optional)
Vanillesauce (Rezept Seite 169) oder Eis zum Servieren (optional)

Außerdem
Auflaufform 25 × 25 cm

1. Den Backofen auf 180 ° Ober-/Unterhitze vorheizen. Eine Auflaufform mit Butter fetten.
2. Die Eier trennen. Das Eiweiß mit einer Prise Salz sehr steif schlagen und kühl stellen. Mit den Quirlen der Küchenmaschine oder einem Handrührgerät die Eigelbe mit dem Zucker und den Gewürzen schaumig schlagen. Dann den Sahnequark und den Weichweizengrieß hinzufügen und unterrühren.
3. Die Birnen waschen, entkernen und, falls gewünscht, schälen. Dann in Würfel schneiden und unter die Grießmasse heben. Zum Schluss wird der Eischnee vorsichtig unter die Quarkmasse gemischt.
4. Die Quarkmasse in die Auflaufform geben und gleichmäßig verteilen. Mit einigen gehobelten Mandeln und 2–3 EL Rohrohrzucker bestreuen.
5. Den Auflauf für ca. 30–35 Minuten auf der zweiten Schiene von unten goldbraun backen. Vor dem Servieren etwa 5–10 Minuten abkühlen lassen.
6. Nun nach Belieben mit Puderzucker bestäuben und mit Vanillesauce oder Eis servieren.

Veganer Hirsekuchen mit Birne und Kardamom

Hirse kommt zu Unrecht eher selten in unseren Küchen zum Einsatz. Ganz anders als z. B. in Ostafrika. Ein Kuchen mit heimischen Birnen und einem Hauch von Ferne lässt in dieser Kombination ein sehr vollmundiges und aromatisches Gebäck entstehen.

Für 6 Portionen
Zubereitungszeit: 30 Minuten
Ziehzeit: 1 Stunde
Backzeit: 25 Minuten

Zutaten
150 g Hirse
1 Bio-Orange
320 ml Hafermilch
2 Kardamomkapseln
Mark einer Vanilleschote
2 EL Rosinen
3 EL Ahornsirup
1 Birne
1 EL Kokosöl + etwas für die Form
35 g Pekannüsse
65 g Mandelstifte

Zubereitung →

Zubereitung

1. Die Hirse mit warmen Wasser waschen und in einem Sieb gut abtropfen lassen. Die Orange halbieren. Von einer Hälfte die Schale abreiben, den Saft beider Hälften auspressen.
2. Die Hafermilch in einen Topf geben. Den Kardamom etwas zerstoßen, die Vanilleschote längs halbieren und das Vanillemark herauskratzen. Das Mark und die Schote zusammen mit dem Orangenabrieb in die Milch geben und aufkochen lassen, dann 1 Stunde ziehen lassen. Die Rosinen in ein Schälchen geben und mit 2 EL Orangensaft ebenfalls 1 Stunde quellen lassen.
3. Die Kardamomkapseln und die Vanilleschote aus der Hafermilch entfernen. Die Gewürzmilch mit 150 ml Wasser, 1 EL Ahornsirup und der Hirse unter Rühren aufkochen lassen und dann 5–10 Minuten bei kleiner Hitze bei geschlossenem Deckel köcheln lassen. Den Topf vom Herd nehmen und zugedeckt nochmals 5 Minuten quellen lassen.
4. Nun den Backofen auf 180 °C Ober-/Unterhitze vorheizen und eine Auflaufform einfetten.
5. Die Birne entkernen, würfeln und mit etwas Orangensaft beträufeln. Dann unter die Hirsemasse heben. Die Masse in eine gefettete Auflaufform geben und glattstreichen. Das Kokosöl bei Bedarf schmelzen, mit den Nüssen und Mandeln sowie 2 EL Ahornsirup mischen und mit den Rosinen auf der Hirseschicht verteilen.
6. Auf der mittleren Schiene 25 Minuten backen. Die Hirseschnitten lauwarm oder zimmerwarm genießen.

Mohnstrudel

Mohnstrudel ist eines unserer Lieblingsgebäcke: wenig Teig, viel Füllung und mit ganz tollen Erinnerungen verbunden.

Für 10–12 Stücke
Zubereitungszeit: 20 Minuten
Ruhezeit: 30 Minuten
Backzeit: 35–40 Minuten

Strudelteig
200 g Mehl + etwas zum Arbeiten
1 Prise Salz
4 EL Sonnenblumenöl

Füllung
1 kleiner Apfel
200 g Blaumohn
135 ml Milch
100 g Zucker
20 g Mandelstifte
Zitronenabrieb einer ½ Zitrone
30 g Butter
1 Eiweiß

Außerdem
30 g flüssige Butter zum Bestreichen
Puderzucker zum Bestäuben

Tipp:
Man kann auch bereits gemahlenen Mohn kaufen. Dieser ist aber nicht so aromatisch wie frisch gemahlener oder gemörserter Mohn.

Zubereitung →

Zubereitung

1. Für den Strudelteig alle Zutaten mit 100 ml lauwarmem Wasser in eine Schüssel geben und mit einem Holzlöffel verrühren. Anschließend mit den Händen zu einem elastischen Teig kneten. Den Teig auf einen leicht bemehlten Teller legen, mit einer heiß ausgespülten Schüssel abdecken und 30 Minuten ruhen lassen.
2. In der Zwischenzeit den Apfel schälen, entkernen, in sehr kleine Würfel schneiden oder grob raspeln und in eine Schüssel geben.
3. Den Mohn fein mahlen. Wer keine Mohnmühle besitzt, nimmt dafür einen Mörser. Den Mohn mit der Milch, dem Zucker, den Mandelstiften, dem Zitronenabrieb und der Butter in einen Topf geben und unter Rühren erhitzen. Vom Herd nehmen, die Apfelwürfel untermischen und abkühlen lassen.
4. Das Eiweiß sehr steif schlagen und dann vorsichtig unter die Mohnmasse heben.
5. Den Backofen auf 180 °C Ober-/Unterhitze vorheizen und ein Backblech mit Backpapier belegen.
6. Für den Teig ein Küchentuch mit Mehl bestäuben. Den Teig dünn darauf ausrollen, anschließend den Teig über den Handrücken vorsichtig auseinanderziehen. Auf das Küchentuch geben und die Ränder mit den Fingern ausziehen. Der Teig sollte so dünn sein, dass ihr die Muster des Tuches darunter sehen könnt.
7. Die Butter schmelzen und den Teig mit etwas flüssiger Butter bestreichen, dann die Mohnmasse auf den Teig streichen und dabei einen 5 cm breiten Rand lassen. Nun die Längsseiten einschlagen und mit Hilfe des Geschirrtuches von der kürzeren Seite den Teig aufrollen. Vorsichtig mit der Naht nach unten auf das Backblech setzen und mit der restlichen flüssigen Butter bestreichen.
8. Den Strudel für 35–40 Minuten backen, dann lauwarm abkühlen lassen und mit Puderzucker bestäubt servieren.

Quarkauflauf mit Rhabarber

Auflauf mit Rhabarber – ist das nicht eine sehr angenehme und clevere Kombination? Der Rhabarber karamellisiert und bekommt zur Unterstützung Begleitung durch den Quark. Probieren lohnt sich!

Für 4 Portionen
Zubereitungszeit: 10 Minuten
Backzeit: 35 Minuten

Auflaufmasse
2 Eier
1 Prise Salz
500 g Quark (20 % Fett)
50 g Zucker
Mark einer Vanilleschote
1 EL Stärke

Belag
250 g Rhabarber
25 g Zucker
1 TL Stärke
20 g Mandelblättchen

Außerdem
etwas Butter für die Form
Puderzucker zum Bestäuben

1. Die Eier trennen und das Eiweiß mit einer Prise Salz steif schlagen.
2. Eigelbe, Quark, Zucker, Mark der Vanilleschote und Stärke in eine Schüssel geben und mit dem Schneebesen gut verrühren. Dann das Eiweiß mit einem Teigschaber vorsichtig unterheben.
3. Den Backofen auf 200 °C Ober-/Unterhitze vorheizen.
4. Den Rhabarber in Stücke schneiden und mit dem Zucker und der Stärke mischen. Die Auflaufform fetten und die Quarkmasse darin verteilen. Nun die Rhabarberstücke gleichmäßig daraufgeben und mit den Mandelblättchen garnieren.
5. Dann auf der mittleren Schiene für 35 Minuten goldgelb backen und im ausgeschalteten Backofen abkühlen lassen. Vor dem Servieren mit Puderzucker bestäuben.

Tartes, Galettes & Pies

Brombeer-Thymian-Tarte

Eine sehr einfach zu backende Tarte mit spannendem Thymian-Aroma. Sie passt ausgezeichnet zu Kaffeegetränken aller Couleur und mit etwas weniger Zucker auch ausgezeichnet zu Käse und/oder Wein.

Für 1 Tarte
Zubereitungszeit: 20 Minuten
Ruhezeit: 30 Minuten
Backzeit: 45–50 Minuten

Teig
225 g Mehl (Weizen- oder helles Dinkelmehl) + etwas zum Arbeiten
100 g kalte Butter
50 g Zucker
1 TL Apfelessig
1 TL Vanillepaste

Belag
375 g Brombeeren
etwas Abrieb einer Bio-Zitrone
65 g Zucker
2 TL Stärke
1 Zweig frischer Thymian
40 g gemahlene Mandeln
20 g Butter
1 Ei
2 EL Zucker zum Bestreuen
Sahne zum Servieren (optional)

1. Die Zutaten für den Teig zusammen mit 60 ml kaltem Wasser zügig mit den Händen zu einem homogenen Teig kneten. Zu einem Ziegel formen, in Frischhaltefolie oder Bienenwachspapier wickeln und 30 Minuten kalt stellen.
2. Brombeeren mit Zitronenabrieb, Zucker, Stärke und Thymianblättchen vermischen.
3. Den Backofen auf 200 °C Ober-/Unterhitze vorheizen.
4. Den Teig aus dem Kühlschrank nehmen. Ein Backpapier mit etwas Mehl bestäuben und den kalten Teig darauf kreisförmig ausrollen.
5. Die Mandeln mittig darauf verteilen und dabei einen 3 cm breiten Rand freilassen. Die Brombeeren auf dem Teig verteilen und Butterwürfel darübergeben.
6. Den Rand nach innen über die Brombeeren klappen und etwas andrücken. Den so umgeklappten Rand mit verquirltem Ei bestreichen und mit Zucker bestreuen.
7. Die Tarte mit dem Backpapier auf ein Backblech setzen und 10 Minuten bei 200 °C Ober-/Unterhitze backen, dann auf 180 °C reduzieren und weitere 35–40 Minuten fertig backen, bis der Teig goldbraun ist und die Brombeeren blubbern. Leicht abkühlen lassen und, falls gewünscht, mit geschlagener Sahne servieren.

Erdbeer-Tonka-Tarte

Für alle Fans von Erdbeeren und leicht gemachten leckeren Tartes. Ein tolles Rezept für die Erdbeersaison und auch für Gäste und die Familie. Dieses Rezept passt vor allem dann, wenn etwas Fruchtiges zum Kaffeekränzchen angesagt ist und es flott gehen muss.

Für 1 kleine Tarte
Zubereitungszeit: 20 Minuten
Backzeit: 40 Minuten

Füllung
300 g Erdbeeren
140 g Erdbeermarmelade
1 TL Vanillepaste

Teig
150 g Butter + etwas für die Form
200 g Dinkelmehl
100 g Dinkelflocken
100 g Zucker
1 Msp. Tonkabohnen-Abrieb

Außerdem
Tarteform (ca. 20 cm Ø)

1. Den Backofen auf 200 °C Ober-/Unterhitze vorheizen. Die Tarteform etwas fetten.
2. Die Erdbeeren putzen, klein schneiden und mit der Marmelade und der Vanille vermischen.
3. Für den Teig die Butter schmelzen und leicht abkühlen lassen. Mehl, Dinkelflocken, Zucker, Butter und Tonkabohne zu Streuseln mischen.
4. Die Hälfte der Streusel in die Tarteform geben und andrücken, dabei auch einen Rand formen. Dann die Erdbeermischung auf den Boden geben und die restlichen Streusel darauf verteilen.
5. Einen Rost mit Backpapier belegen und auf der zweiten Schiene von unten 40 Minuten backen. Etwas in der Form abkühlen lassen und dann servieren.

Unser Spätsommertipp
Statt der Erdbeeren schmecken auch Pfirsiche sehr gut.

Himbeer-Käsekuchen-Tartelettes

Der kleine Freund des großen Käsekuchens. Einfach, süß, köstlich und fein. So kommen diese Tartelettes mit einer fruchtigen Himbeernote daher. Unbedingt ausprobieren, denn die Kombination von Himbeeren und Frischkäse ist doch immer ein Gedicht.

Für 6–8 Tartelettes
Zubereitungszeit: 10 Minuten
Backzeit: 20–25 Minuten

Zutaten
200 g Frischkäse (Zimmertemperatur!)
4 EL Zucker
1 Pck. Bourbon-Vanillezucker
1 Rolle Blätterteig
1 Ei
250 g Himbeeren, frisch oder TK
1 TL Stärke
20 g Mandelblättchen
Puderzucker zum Bestäuben

Tipp
Die Tartelettes schmecken auch mit Erdbeeren, Brombeeren oder Blaubeeren.

Zubereitung →

Zubereitung

1. Den Backofen auf 200 °C Ober-/Unterhitze vorheizen.
2. Den Frischkäse mit 3 EL Zucker und dem Vanillezucker glatt rühren.
3. Den Blätterteig aus dem Kühlschrank nehmen, entrollen und in sechs bis acht gleich große Rechtecke schneiden. Diese auf ein mit Backpapier belegtes Blech legen. Mit einem scharfen Messer innerhalb der Rechtecke einen ca. 1 cm breiten Rand anritzen, dabei darauf achten, dass man mit dem Messer nicht bis ganz zum Boden durchschneidet. Der Teig wird sozusagen nur angeritzt. Dann die Ränder mit dem verquirlten Ei bestreichen.
4. Frische Himbeeren säubern; aufgetaute TK-Himbeeren abtropfen lassen. Dann mit der Stärke und 1 EL Zucker gut vermischen.
5. Die Frischkäsemasse mittig auf den Teigstücken verteilen und etwas verstreichen, ohne dabei über den eingeritzten Rand zu gehen. Zuletzt die Himbeeren mittig darauf platzieren, noch zusätzlich mit Mandelblättchen bestreuen und auf der mittleren Schiene des Ofens ca. 20–25 Minuten lang backen. Wer möchte, kann die Tartes noch mit Puderzucker garnieren. Sie schmecken frisch am besten und sollten am selben Tag verzehrt werden.

Tarte Tatin mit Birnen, Honig und Kardamom

Buttriger Blätterteig, blumige Birne und süßer Honig: Diese Tarte Tatin müsst ihr unbedingt probieren.

Für 1 Tarte
Zubereitungszeit: 15 Minuten
Backzeit: 35 Minuten

Zutaten
90 g Butter
130 g Honig
1 Msp. gemahlener Kardamom
3 feste reife Birnen (etwa 600 g)
1 Rolle Blätterteig
einige Meersalzflocken
Schlagsahne oder Eis zum Servieren (optional)

Außerdem
ofenfeste Pfanne (21 cm Ø)

1. Den Backofen auf 200 °C Ober-/Unterhitze vorheizen.
2. Butter, Honig und Kardamom in die ofenfeste Pfanne geben und auf dem Herd schmelzen lassen. Dann 2 Minuten einköcheln lassen.
3. Die Birnen schälen und in etwa 1 cm breite Scheiben schneiden. Die Kerne entfernen. Nun die Birnenscheiben in die Pfanne legen. Den Blätterteig in der Größe der Pfanne ausschneiden und auf die Birnen legen. Etwas andrücken und mit einem Messer drei Kreuze in die Oberfläche machen.
4. Auf der mittleren Schiene ca. 35 Minuten backen, bis der Blätterteig goldbraun ist. Aus dem Ofen nehmen und 10 Minuten abkühlen lassen. Dann auf einen Teller stürzen und mit einigen Salzflocken bestreuen. Warm servieren. Dazu passen Schlagsahne oder eine Kugel Eis.

Apfel-Tarte mit Mandeln und Zimt

Diese herbstliche Apfel-Tarte ist ein wahrer Gaumenschmaus. Für alle Fans der klassischen Kombination Apfel, Zimt und Nuss!

Für 1 Tarte
Zubereitungszeit: 15 Minuten
Ruhezeit: 1 Stunde
Backzeit: 35–40 Minuten

Teig
225 g Dinkelmehl Type 630 oder Weizenmehl
30–40 g Rohrohrzucker
1 Prise Salz
100 g kalte Butter

Füllung
4 kleinere Äpfel
2 EL Zucker
¼ TL Zimt

Außerdem
etwas Sojasahne
Zucker und Mandelblättchen zum Bestreuen

1. Für den Teig Mehl, Zucker und Salz in eine Schüssel geben und mischen. Dann die Butter in Würfeln und 2–3 EL kaltes Wasser dazugeben und alles zügig mit den Händen zu einem glatten Teig kneten. Den Teig zu einer Scheibe/einem Ziegel formen, in Frischhaltefolie wickeln und 1 Stunde in den Kühlschrank stellen.
2. Nach der Ruhephase den Teig zwischen zwei Backpapierlagen ca. 4 mm dick zu einem Kreis ausrollen. Den Teig mit dem Backpapier auf ein Backblech ziehen.
3. Den Backofen auf 180 °C Ober-/Unterhitze vorheizen.
4. Nun die Äpfel schälen, entkernen und in dünne Scheiben schneiden. Dann die Äpfel fächerartig auf dem Teig verteilen und dabei einen etwa 4 cm breiten Rand stehen lassen. Zucker und Zimt mischen und die Äpfel damit bestreuen.
5. Nun den Rand von außen nach innen über die Äpfel klappen und leicht andrücken. Am einfachsten geht das, wenn man den Teig mit Hilfe des Backpapiers einklappt.
6. Den Rand mit Sojasahne bestreichen und mit Zucker und Mandelblättchen bestreuen. Im Backofen auf der mittleren Schiene 35–40 Minuten goldbraun backen. Die Tarte warm oder lauwarm servieren.

Blutorangen-Pistazien-Galette

Fruchtig und süß, aber auch raffiniert kommt diese Galette auf den Tisch. Es braucht eben nicht immer viele Zutaten, um zu einem köstlichen Ergebnis zu kommen.

Für 1 Tarte
Zubereitungszeit: 20 Minuten
Ruhezeit: 30 Minuten
Backzeit: 35–40 Minuten

Teig
200 g Dinkelmehl Type 630
100 g kalte Butter
60 g Zucker
1 Ei
½ TL gemahlener Kardamom

Füllung
5 Blutorangen
50 g gemahlene Pistazien
50 g Zucker + etwas zum Bestreuen
1 Ei

1. Die Zutaten für den Teig in eine Schüssel geben und zügig mit den Händen zu einem geschmeidigen und glatten Teig kneten. Danach auf eine leicht bemehlte Arbeitsfläche geben und zu einer Scheibe formen, diese in Frischhaltefolie wickeln und 30 Minuten kalt stellen.
2. In der Zwischenzeit die Füllung zubereiten. Hierfür die Schalen der Blutorangen mit einem scharfen Messer abschneiden, dann die Blutorangen in ca. 0,5 cm dicke Scheiben schneiden.
3. Den Backofen auf 200 °C Ober-/Unterhitze vorheizen.
4. Den Teig aus dem Kühlschrank nehmen und zu einem Kreis ausrollen. Das geht am besten, indem ihr den Teig zwischen zwei Backpapiere legt.
5. Dann die gemahlenen Pistazien und den Zucker auf den Teig streuen und einen etwa 4 cm breiten Rand lassen. Die Blutorangenscheiben darauf verteilen. Dann die Ränder des Teiges hochklappen und leicht andrücken. Den umgeklappten Rand mit verquirltem Ei bestreichen und mit etwas Zucker bestreuen.
6. Nun im vorgeheizten Backofen 35–40 Minuten goldbraun backen. Lauwarm oder kalt genießen.

Nektarinen-Mohn-Tarte

Nektarinen sind süß, saftig und haben eine schöne Farbe. Dazu der schwarze Mohn und die Aromen von Vanille und Orange. Das Ergebnis ist eine feine, leichte und sehr schmackhafte Tarte.

Für 1 Tarte
Zubereitungszeit: 15 Minuten
Ruhezeit: 30–60 Minuten
Backzeit: 40 Minuten

Teig
225 g Dinkelmehl Type 630 + etwas zum Arbeiten
10 g Mohn
½ TL Orangenabrieb
40 g brauner Zucker
100 g kalte Butter
2 EL Apfelessig

Füllung
500 g Nektarinen
1 Vanilleschote
45 g brauner Zucker
25 g Semmelbrösel
1 EL Butter

Außerdem
2 EL Sojasahne
2 EL brauner Zucker

1. Die Zutaten für den Teig mit 60 ml kaltem Wasser in eine Schüssel geben und zügig mit den Händen zu einem homogenen Teig kneten. Danach zu einem Ziegel formen, in Frischhaltefolie wickeln und 30–60 Minuten kalt stellen.
2. Die Nektarinen waschen, halbieren, entkernen und dann in Spalten schneiden. Die Vanilleschote der Länge nach aufschneiden und das Vanillemark herauskratzen. Das Mark mit dem Zucker mischen und über die Nektarinen geben.
3. Den Backofen auf 200 °C Ober-/Unterhitze vorheizen.
4. Den Teig aus dem Kühlschrank nehmen. Backpapier mit etwas Mehl bestäuben und den kalten Teig darauf kreisförmig ausrollen. Die Semmelbrösel mittig darauf verteilen und dabei einen 3 cm breiten Rand freilassen. Die Nektarinen darauf verteilen und mit Butterwürfeln belegen. Den Teigrand nach innen über die Früchte klappen und etwas festdrücken. Den Rand mit Sahne bestreichen und mit Zucker bestreuen.
5. Die Tarte mit dem Backpapier auf ein Backblech setzen und 40 Minuten backen, bis der Teig goldbraun ist. Etwas abkühlen lassen und dann servieren.

Apple Pie mit Karamell

Eine Kuchenart, die in ihrer süßen Variante eher in den USA verzehrt wird, während die salzigen Pies meist in Großbritannien zu finden sind. Typisch für einen Pie ist die komplette Ummantelung der Füllung mit Teig. Hier ein Klassiker mit kräftigem Karamell und Apfel.

Für 1 Pie
Zubereitungszeit: 20 Minuten
Ruhezeit: 35 Minuten
Backzeit: ca. 50 Minuten

Teig
90 g kalte Butter + etwas zum Fetten der Form
180 g Weizenmehl oder Dinkelmehl Type 630 + etwas zum Arbeiten
50 g Zucker
1 Prise Salz

Füllung
5–6 Äpfel
1 Zitrone
4 EL Zucker
¼ TL Zimt
1 TL Vanillepaste
1 Prise Muskatnussabrieb
1 Prise Salz
1 EL Stärke
120 g Karamellsauce (Fertigprodukt)

Außerdem
Pie- oder Auflaufform (20 × 20 cm)
Keks-Ausstecher, z. B. in Apfelform
1 verquirltes Ei oder 2 EL Sojasahne zum Bestreichen
Zucker und Meersalzflocken zum Bestreuen (optional)

Zubereitung →

Zubereitung

1. Die Backform leicht fetten und beiseitestellen.
2. Die Zutaten für den Teig mit 3 EL kaltem Wasser in einen Food Processor geben und einige Male die Pulstaste drücken, bis sich die Zutaten verbinden. Alternativ gut mit den Händen verkneten. Dann den Teig auf eine leicht bemehlte Arbeitsfläche geben und halbieren. Eine Hälfte in Frischhaltefolie wickeln und kalt stellen. Die zweite Teig-Hälfte ausrollen und die Form damit auskleiden. Dann ebenfalls kalt stellen.
3. In der Zwischenzeit die Äpfel schälen, vierteln, entkernen und dann fein hobeln. Mit dem Saft der Zitrone und 2 EL Zucker vermischen und ca. 20 Minuten stehen lassen.
4. Zimt, Vanille, Muskatnuss, Salz, Stärke und 2 EL Zucker mischen. Die Flüssigkeit von den Äpfeln abseihen und dann die Zucker-Gewürz-Mischung zu den Äpfeln geben und vorsichtig untermischen.
5. Die gekühlte Kuchenform aus dem Kühlschrank nehmen, erst die Hälfte der Äpfel darauf verteilen, dann die Hälfte der Karamellsauce. Anschließend die übrigen Äpfel hinzufügen und zum Schluss die restliche Karamellsauce gleichmäßig über die Äpfel geben.
6. Die zweite Teighälfte aus dem Kühlschrank nehmen und rund ausrollen. Mit einem Keks-Ausstecher, z. B. in Apfelform, vier Ausstecher machen. Dann die Teigplatte auf die Äpfel geben und den Rand fest verschließen.
7. Den Kuchen nochmals für 15 Minuten kalt stellen. In der Zwischenzeit den Backofen auf 200 °C Ober-/Unterhitze vorheizen.
8. Den Teig mit verquirltem Ei oder Sojasahne bestreichen und mit der gewünschten Menge Zucker und Meersalzflocken bestreuen. Auf der untersten Schiene 20 Minuten backen und dann auf der mittleren Schiene 30 Minuten zu Ende backen, bis der Teig goldbraun ist und die Äpfel blubbern. Auf einem Kuchengitter lauwarm abkühlen lassen.

Bananen-Pistazien-Tarte

Das Rezept ist einfach und das Ergebnis großartig. Eine schöne und passende Begleitung zu einem leckeren Kaffeegetränk. Die Verbindung von leicht karamellisierter Banane mit dem feinen Aroma der Pistazien schmeckt einfach toll.

Für 1 Tarte
Zubereitungszeit: 20 Minuten
Backzeit: 45–50 Minuten

Teig
180 g Dinkelmehl Type 630
100 g kalte Butter

Füllung
125 g weiche Butter
80 g Puderzucker
125 g gemahlene Mandeln
15 g Dinkelmehl Type 630
1 Ei
1 TL Vanilleextrakt
75 g Pistazien
10 g Pflanzenöl
20 g Ahornsirup

Belag
2 reife Bananen
etwas Kokosöl
2 EL brauner Zucker

Außerdem
Tarteform (22 cm Ø)

1. Das Mehl, die Butter in Würfeln und 4–5 EL kaltes Wasser in einen Food Processor geben und zu einem glatten Teig mixen. Alternativ mit den Händen verkneten.
2. Den Teig auf eine leicht bemehlte Arbeitsfläche geben, rund ausrollen, in die Tarteform legen und etwas festdrücken. Dann in den Kühlschrank stellen.
3. Für die Füllung die Butter in eine Rührschüssel geben und mit dem Flachrührer cremig weich mixen. Dann den Puderzucker dazugeben und 1–2 Minuten rühren. Die Mandeln mit dem Mehl mischen und in die Rührschüssel geben. So lange rühren, bis eine homogene Masse entsteht.
4. Den Teig von den Wänden nach unten schaben, das Ei und die Vanille hinzufügen und ca. 1 Minute rühren.
5. Pistazien, Öl, Sirup und 15 ml Wasser in einen kleinen Mixer geben und zu einer Paste mixen. Diese ebenfalls in die Rührschüssel geben und gut untermischen.
6. Den Backofen auf 180 °C Ober-/Unterhitze vorheizen.
7. Den Teig aus dem Kühlschrank nehmen und die Pistazien-Mandel-Masse gleichmäßig darauf verteilen. Die Bananen der Länge nach halbieren und leicht in die Mandelmasse drücken. Die Schnittflächen mit etwas Kokosöl bestreichen und mit Zucker bestreuen.
8. Dann auf der mittleren Schiene 45–50 Minuten backen. Den Kuchen etwa 30 Minuten abkühlen lassen und lauwarm servieren.

Streusel-Liebe

Blaubeer-Pflaumen-Streusel-Bars

Ein leichtes und schön violettes Gebäck, das sehr gut auf jede Kaffeetafel passt und auch zwischendurch lecker schmeckt.

Für 6–8 Portionen
Zubereitungszeit: 15 Minuten
Backzeit: 35 Minuten

Teig
125 g weiche Butter
80 g Rohrohrzucker
2 Eier
125 g Dinkelmehl Type 630
1 gestrichener TL Backpulver

Früchte
250 g Pflaumen
125 g Blaubeeren
1 TL Vanillepaste

Streusel
70 g Butter
75 g Dinkelmehl Type 630
55 g gemahlene Mandeln
70 g Rohrohrzucker

1. Den Backofen auf 200 °C Ober-/Unterhitze vorheizen. Ein kleines tiefes Backblech mit Backpapier auslegen.
2. Die Butter mit dem Zucker in einer Küchenmaschine mit dem Flachrührer cremig schlagen. Dann die Eier einzeln hinzugeben. Das Mehl mit dem Backpulver mischen, zur Buttermasse geben und alles zu einem weichen Teig rühren. Den Teig in die Form geben und glattstreichen.
3. Die Pflaumen entsteinen und würfeln. Mit den Blaubeeren und der Vanille mischen und auf den Rührteig geben.
4. Für die Streusel die Butter schmelzen und etwas abkühlen lassen. Dinkelmehl, Mandeln und Zucker mischen, dann die Butter dazugeben und alles zu Streuseln formen. Die Streusel über die Früchte geben und auf der mittleren Schiene 35 Minuten backen.
5. Die Bars handwarm abkühlen lassen und dann servieren.

Rhabarber-Erdbeer-Crisp

Tolle Doppeldecker aus Früchten wie Erdbeeren und Rhabarber in Kombination mit knusprigen Streuseln aus Hafer, Nuss und Sonnenblumenkernen. Lauwarm mit Eis serviert die perfekte Früchte-Nachspeise.

Für 4 Portionen
Zubereitungszeit: 15 Minuten
Backzeit: ca. 40 Minuten

Füllung
250 g Rhabarber
250 g Erdbeeren
1 EL Zitronensaft
1 TL Vanilleextrakt
1 EL Stärke
Butter für die Form

Crisp
140 g Haferflocken
30 g Hanfsamen
30 g Sonnenblumenkerne
2 EL Ahornsirup
½ TL Backpulver
½ TL Zimt
1 Prise Salz
1 EL Nussbutter
40 g Butter

Außerdem
Vanilleeis oder weißes Schokoladeneis zum Servieren (optional)

1. Den Backofen auf 200 °C Ober-/Unterhitze vorheizen.
2. Den Rhabarber und die Erdbeeren putzen und in mundgerechte Stücke schneiden. Mit Zitronensaft, Vanille und Stärke vermischen. Eine Auflaufform etwas fetten und die Früchte hineingeben.
3. Für den Crisp alle Zutaten in einen Food Processor geben und zu einer krümeligen Masse verarbeiten. Nun den krümeligen Teig über die Früchte geben und leicht andrücken.
4. Die Backform in den Backofen schieben und für ca. 40 Minuten goldbraun backen. Danach noch für 10–15 Minuten abkühlen lassen und den Crisp am besten mit Vanilleeis oder weißem Schokoladeneis servieren.

Sommer-Crumble mit Stachelbeeren

Ein herrlich süß-säuerlicher Crumble aus Stachelbeeren, Brombeeren und Vanille.

Für 2 Portionen
Zubereitungszeit: 5 Minuten
Backzeit: 20 Minuten

Füllung
135 g Brombeeren
250 g Stachelbeeren
3 EL Aprikosensirup oder Ahornsirup
1 TL Vanillepaste
1 TL Butter für die Form

Streusel
25 g Mandelblättchen
70 g gemahlene Mandeln
1 TL Zimt
30 g Rohrohrzucker
50 g Butter

Außerdem
Vanillejogurt, griechischer Joghurt oder Eis zum Servieren (optional)

1. Den Backofen auf 180 °C Ober-/Unterhitze vorheizen.
2. Das Obst putzen und mit dem Sirup und der Vanille mischen. Eine Auflaufform leicht fetten und die Beeren einfüllen.
3. Die Mandelblättchen, die gemahlenen Mandeln, den Zimt und den Zucker in einer Schüssel vermischen. Die Butter schmelzen, dazugeben und den Teig mit den Händen durchmischen. Alles zu Streuseln formen.
4. Die Streusel über den Beeren verteilen und den Crumble ca. 20 Minuten goldbraun backen, bis die Beeren köcheln. Den Crumble lauwarm mit Vanillejogurt, griechischem Joghurt oder einer Kugel Eis servieren.

Beeren-Vanille-Knusperauflauf

Aromatische Kombination aus Waldbeeren, Teig und Nüssen. Die ideale Ergänzung zu diesem Nachtisch sind eine köstliche Vanillesauce, Schlagobers und vor allem eine Kugel Eis.

Für 4–6 Portionen
Zubereitungszeit: 15 Minuten
Backzeit: 40–45 Minuten

Füllung
500 g Beeren-Mix, frisch oder TK
45 g Rohrohrzucker
1 ½ EL Maisstärke
1 TL Vanilleextrakt

Crisp
40 g brauner Zucker
50 g Dinkelmehl Type 630
½ TL Zimt
50 g Dinkelflocken
40 g Mandelblättchen
70 g kalte Butter

Außerdem
Joghurt, Vanilleeis oder Vanillesauce (Rezept Seite 169) zum Servieren (optional)

1. Den Backofen auf 180 °C Ober-/Unterhitze vorheizen.
2. Alle Zutaten für die Füllung in die Auflaufform geben und mit einem Löffel oder den Händen gut vermischen.
3. Für den Crisp Zucker, Mehl, Zimt, Dinkelflocken und Mandeln in einer mittelgroßen Schüssel mischen. Die Butter in Würfeln hinzugeben und alles zu einer krümeligen Masse verarbeiten. Dann gleichmäßig auf den Beeren verteilen und auf der mittleren Schiene 40–45 Minuten backen, bis der Belag goldbraun ist und die Früchte leicht blubbern. Aus dem Ofen nehmen und einige Minuten abkühlen lassen.
4. Mit Joghurt, Vanilleeis oder Vanillesauce warm/lauwarm servieren.

Aprikosen-Cobbler

Cobbler ist eine Art Auflauf, der, mit ein wenig Teig bedeckt, für sehr gute Stimmung und ein schönes kulinarisches Erlebnis sorgt. Hier eine fantastische Variante mit Aprikosen.

Für 1–2 Portionen
Zubereitungszeit: 10 Minuten
Backzeit: ca. 40 Minuten

Füllung
8 Aprikosen
30 g Rohrohrzucker

Streusel
20 g Zucker
55 g Butter + etwas für die Form
1 TL Vanillepaste
60 g Mehl
½ TL Backpulver
1 Prise Salz

Außerdem
Backform 20 × 20 cm
griechischer Joghurt oder Vanilleeis zum Servieren (optional)

1. Den Backofen auf 200 °C Ober-/Unterhitze vorheizen. Die Auflaufform etwas fetten.
2. Die Aprikosen waschen, entkernen und in Spalten schneiden. Dann mit dem Zucker in die Form geben und gut vermischen.
3. Für die Streusel Zucker, Butter, Vanille, Mehl, Backpulver und Salz in eine Schüssel geben und mit den Händen zu Streuseln mischen. Dann die Streusel über die Aprikosen geben. Auf der mittleren Schiene für etwa 40 Minuten backen, bis die Aprikosen anfangen zu blubbern.
4. Vor dem Servieren ca. 20 Minuten stehen lassen und dann mit griechischem Joghurt oder Vanilleeis servieren.

Unser Wintertipp
Außerhalb der Aprikosen-Saison kann man auf ungesüßte Dosenaprikosen zurückgreifen.

Kirschauflauf

Eine wirklich ausgezeichnete und leichte Kombination aus Joghurt, Kirschen, Mehl und Mandeln. Das fruchtige und frische Ergebnis kann sich allemal sehen lassen.

Für 6 Portionen
Zubereitungszeit: 15 Minuten
Backzeit: ca. 40 Minuten

Teig
165 g Dinkelmehl
1 TL Backpulver
¼ TL Salz
115 g weiche Butter + etwas für die Form
100 g brauner Zucker
2 große Eier (Zimmertemperatur)
120 g griechischer Joghurt
1 TL Vanilleextrakt
300 g Kirschen, frisch oder aus dem Glas

Streusel
30 g Butter
30 g Dinkelmehl
40 g brauner Zucker
¼ TL Zimt
20 g Mandelblättchen

Außerdem
Auflaufform (ca. 22 cm ø)
Vanillesauce (Rezept Seite 169) zum Servieren (optional)

1. Den Backofen auf 180 °C Ober-/Unterhitze vorheizen. Die Auflaufform fetten.
2. Für den Teig Mehl, Backpulver und Salz in einer Schüssel mischen und beiseitestellen. In einer zweiten Rührschüssel Butter und braunen Zucker bei hoher Geschwindigkeit etwa 2 Minuten lang glatt und cremig schlagen. Nun die Eier, den griechischen Joghurt und den Vanilleextrakt hinzufügen und bei mittlerer Geschwindigkeit schlagen. Dann die trockenen Zutaten hinzugeben und rühren, bis ein dicker Teig entsteht.
3. Frische Kirchen entkernen; alternativ könnt ihr auch Kirschen aus dem Glas verwenden. Diese dann abtropfen lassen. Mit einem Teigschaber vorsichtig unter den Teig heben und diesen dann in die Backform geben.
4. Für die Streusel die Butter schmelzen. Mehl, Zucker und Zimt vermischen. Die geschmolzene Butter einrühren und die Masse zu Streuseln formen. Dann die Streusel und die Mandeln gleichmäßig auf dem Teig verteilen.
5. Für ca. 40 Minuten auf der mittleren Schiene backen. Aus dem Ofen nehmen, lauwarm abkühlen lassen und dann mit Vanillesauce servieren.

Kirsch-Reisauflauf

Oh wie schön! Es gibt Reis mit Kirschen und das Ganze schön warm aus dem Ofen! Ein Gericht, das sich auch gut kalt oder in Kombination mit weiteren frischen Früchten servieren lässt.

Für 4 Portionen
Zubereitungszeit: 20 Minuten
Backzeit: 15–20 Minuten

Zutaten
800 ml Milch oder Pflanzenmilch nach Wahl
3–4 EL Zucker
200 g Milchreis
1 Glas Sauerkirschen (750 ml)
1 Pck. Vanillepuddingpulver
20 g Butter + etwas für die Form
30 g Haferflocken
1 TL Zimt

1. Die Milch mit 1 EL Zucker zum Kochen bringen. Den Milchreis hinzugeben, unter Rühren einmal aufkochen lassen und dann auf kleiner Flamme bei geschlossenem Deckel etwa 20 Minuten köcheln lassen, bis der Reis weich ist. Dabei ab und zu umrühren, damit der Reis nicht am Boden anbrennt.
2. Die Kirschen in ein Sieb geben und abtropfen lassen, dabei die Flüssigkeit in einem Messbecher auffangen und mit Wasser auf 500 ml auffüllen.
3. 50 ml der Kirschflüssigkeit abnehmen und mit dem Puddingpulver verrühren. Die restliche Flüssigkeit in einen Topf geben und aufkochen lassen. Nun das angerührte Puddingpulver hinzugeben und unter Rühren einmal aufkochen lassen. Dann die Kirschen dazugeben und alles vermischen.
4. Den Backofen auf 200 °C Ober-/Unterhitze vorheizen.
5. Eine Auflaufform leicht fetten und abwechselnd den Reis und die Pudding-Kirschen darin schichten. Die Butter schmelzen lassen und mit den Haferflocken, dem Zimt und dem restlichen Zucker zu Streuseln vermischen.
6. Die Streusel gleichmäßig über den Auflauf geben und dann im Backofen auf der mittleren Schiene für 15–20 Minuten goldbraun backen. Noch warm servieren.

Apfel-Pflaumen-Streuselauflauf

Dieser süße und schnell zubereitete Auflauf gelingt im Handumdrehen und zaubert ein Strahlen in jedes Gesicht.

Für 4 Portionen
Zubereitungszeit: 15 Minuten
Backzeit: 35–40 Minuten

Auflaufmasse
4 Pflaumen
4 Äpfel (ca. 470 g)
1 EL Stärke
1 EL brauner Zucker
Mark einer Vanilleschote, alternativ 1 TL Vanillepaste oder -extrakt
1 TL Butter

Streusel
100 g weiche Butter + etwas zum Fetten der Form
160 g Dinkelmehl Type 630
70 g Rohrohrzucker
60 g gemahlene Mandeln
3 EL Mandelblättchen

Außerdem
griechischer Joghurt, Vanilleeis oder halb aufgeschlagene Zimtsahne zum Servieren (optional)

1. Den Backofen auf 180 °C Ober-/Unterhitze vorheizen.
2. Die Pflaumen waschen, entsteinen und in Spalten schneiden. Die Äpfel waschen, schälen, entkernen und ebenfalls in Spalten schneiden. Die Stärke, den Zucker und die Vanille zu dem Obst hinzugeben und gut vermischen.
3. Die Auflaufform mit 1 TL Butter fetten und dann das Obst in die Form füllen.
4. Für die Streusel Butter, Mehl, Zucker und gemahlene Mandeln in eine Schüssel geben und mit den Händen zu Streuseln verarbeiten. Die Streusel über den Früchten verteilen und zum Schluss mit den Mandelblättchen bestreuen.
5. Im Backofen 35–40 Minuten backen oder bis die Früchte blubbern. Den Auflauf lauwarm servieren. Dazu passen griechischer Joghurt, Vanilleeis oder halb aufgeschlagene Zimtsahne.

Rhabarber-Safran-Kuchen

Rhabarber ist ein tolles Obst beziehungsweise Gemüse, das sich vielfältig einsetzen lässt. Die meisten Menschen nutzen ihn für Gebäck – wie auch in dieser köstlichen Kombination aus Nüssen, Joghurt, Ingwer, Safran und Rhabarber.

Für 9 Portionen
Zubereitungszeit: 20 Minuten
Backzeit: 40–45 Minuten

Füllung
4 Stangen Rhabarber
2 EL brauner Zucker
1 EL Zitronensaft
1 TL Vanillepaste
½ TL Ingwerpulver

Streusel
50 g Sonnenblumenkerne
30 g Kokosraspel
30 g brauner Zucker
30 g Butter

Teig
100 g Butter
50 g brauner Zucker
50 g weißer Zucker
120 g griechischer Joghurt
3 Eier
200 g Dinkelmehl Type 1050
1 ½ TL Backpulver mit Safran
1 Msp. Tonkabohnenabrieb

Außerdem
Backform 26 × 26 cm

1. Den Backofen auf 180 °C Ober-/Unterhitze vorheizen. Eine Backform mit Backpapier auslegen.
2. Für die Füllung den Rhabarber säubern und in ca. 4 cm breite Stücke schneiden. Mit dem Zucker, dem Zitronensaft, der Vanille und dem Ingwer in eine Schüssel geben, vermischen und ziehen lassen, bis der Teig fertig ist.
3. Für die Streusel alle Zutaten in eine zweite Schüssel geben und gut vermischen. Dann beiseitestellen.
4. Für den Teig die Butter und beide Zuckersorten mit dem Handrührgerät schaumig schlagen. Dann den Joghurt und die Eier untermischen. Das Mehl mit dem Backpulver und der Tonkabohne vermischen und portionsweise unter die Buttermischung heben. Immer nur so lange mischen, bis kein Mehl mehr zu sehen ist.
5. Den Teig in die Form geben, mit dem Rhabarber belegen und die Streusel darübergeben. Auf der mittleren Schiene für 40–45 Minuten backen. Mit einem Holzstäbchen prüfen, ob der Kuchen fertig ist. Etwas abkühlen lassen und genießen.

Basics

Vanillesauce

Vanillesauce kennt jeder und man kann sie eigentlich immer brauchen. Ob als leckere Sauce zu Speiseeis, zu einer Beeren-Grütze, zum Bratapfel oder zu einer köstlichen Früchtetarte. Ganz gleich, welche Begleitung und/oder welcher Anlass: Selbstgemachte Vanillesauce ist durch fast nichts zu toppen.

Für 650 ml
Zubereitungszeit: 10 Minuten

Zutaten
1 Vanilleschote
400 ml Milch
1 EL Zucker
200 ml Sahne
2 Eigelb
1 EL Speisestärke
1 Prise Salz

1. Die Vanilleschote der Länge nach halbieren und mit einem scharfen Messer das Vanillemark herauskratzen. Milch, Zucker, Vanillemark und Vanilleschote in einen Topf geben und aufkochen.
2. Zwischenzeitlich die Sahne, die Eigelbe, die Speisestärke und das Salz in einen Messbecher geben und verrühren. Die Vanilleschote aus der Milch entfernen. Die Sahne-Eiermischung mit dem Schneebesen in die Milch einrühren und unter ständigen Rühren nochmals kurz aufkochen lassen.
3. Gleich servieren oder abkühlen lassen und im Kühlschrank für maximal 1 Woche lagern.

Apfelkompott

Äpfel lassen sich mit ein paar wenigen Handgriffen in ein elegantes und fruchtiges Kompott verwandeln. Dieses fein gewürzte Apfeldessert schmeckt pur schon ausgezeichnet, bereichert aber auch Speisen wie Kartoffelpuffer, süße Aufläufe aller Art, Crêpes, Speiseeis, Mohnküchlein oder diverse Weihnachtsmenüs.

Für ein Glas mit 750 ml
Zubereitungszeit: 5 Minuten
Kochzeit: 5–8 Minuten

Zutaten
600 g Äpfel (z. B. Boskoop)
Saft einer ½ Zitrone
150–200 ml Apfelsaft
¼ TL Ceylon-Zimt
½ TL Vanillepaste
1 EL Rohrohrzucker

1. Die Äpfel waschen, schälen, vierteln, entkernen, in Würfel schneiden und in einen Topf geben.
2. Zitronensaft, Apfelsaft, Zimt, Vanille und Zucker hinzufügen und zum Kochen bringen. Bei mittlerer Hitze 5–8 Minuten köcheln lassen.
3. Das gegarte heiße Kompott in ein sterilisiertes Glas füllen und verschließen.

Tipp
Das Apfelkompott ist mehrere Monate haltbar und schmeckt auch pur mit Vanillesauce oder Schlagsahne lecker als Nachtisch. Nach dem obigen Rezept lassen sich auch andere Fruchtkompotte zubereiten, z. B. aus Aprikosen.

Geschmortes Zwetschgen-Zimt-Kompott

Kompotte lassen sich vielfältig verwenden, beispielsweise zu Speiseeis, Kuchen, Pfannkuchen, Milchreis oder Hefeteiggebäck. Aber auch zu herzhaften Gerichten sind sie, weniger gesüßt, eine hervorragende Begleitung.

Für 4 Portionen
Zubereitungszeit: 10 Minuten
Backzeit: 30 Minuten

Zutaten
400 g süße reife Zwetschgen
3 EL brauner Rohrzucker
1 Orange
1 Stange Zimt
griechischer Joghurt und Granola zum Servieren (optional)

1. Den Backofen auf 180 °C Ober-/Unterhitze vorheizen.
2. Die Zwetschgen waschen, halbieren und entkernen. Mit der Schnittfläche nach oben in eine Auflaufform legen und mit dem Zucker bestreuen.
3. Die Orange heiß abwaschen, eine Hälfte in dünne Scheiben schneiden, die zweite Hälfte auspressen. 2 Orangenscheiben, den Orangensaft und die Zimtstange zu den Zwetschgen geben.
4. Im Ofen ca. 30 Minuten backen, bis die Zwetschgen weich und saftig sind. Das Kompott lauwarm zum Beispiel mit griechischem Joghurt und Granola servieren.

Unsere Zutaten

Beeren/Obst

Wenn wir Beeren oder Obst verwenden, sind das meistens frische Früchte. Ihr könnt natürlich auch je nach Saison auf gefrorene Beeren oder Rhabarber sowie Obst aus dem Glas zurückgreifen. TK-Beeren und TK-Rhabarber vor der Verarbeitung auftauen lassen; Früchte aus dem Glas in einem Sieb abtropfen lassen.

Butter/vegane Butter

In den aufgeführten Rezepten könnt ihr die Butter meistens auch durch pflanzliche Butter ersetzen.

Eier

Unsere Eier stammen von unseren eigenen Hühnern oder wir kaufen sie direkt von Höfen unseres Vertrauens in Bio-Qualität.

Honig

Wenn wir Honig verwenden, bekommen wir diesen direkt von einem Imker aus der Nachbarschaft oder verwenden Bio- oder Demeter-Honig. Ihr könnt den Honig gegebenenfalls auch durch Ahornsirup ersetzen.

Mehl

Unsere Mehle beziehen wir gerne direkt von einer Mühle unweit unseres Wohnortes; Mühlen wie diese haben meist einen Verkaufsraum. Meistens verwenden wir beim Backen Dinkelmehl Type 630 oder Weizenmehl Type 550.

Milch/pflanzliche Milch

Die verwendeten Milchprodukte sind ebenfalls Bio-Qualität. Milchprodukte können meistens auch durch pflanzliche Alternativen ersetzt werden.

Zucker

Wir verwenden hier hauptsächlich weißen Zucker, Vollrohrzucker oder braunen Rohrzucker, je nachdem, welchen Geschmack wir hervorheben möchten.

Register

G

H

I

K

L

M

N

O

P

Die Autoren

Kathrin ist mit ganzem Herzen Foodbloggerin, Köchin, Fotografin, Bäckerin und Partnerin. Sie lebt mit ihren fünf Hühnern und der Familie im wunderschönen Herrenberg, einer ca. 30.000 Einwohner zählenden kleineren Stadt unweit des Schwarzwaldes. Sie liebt es, ihre Follower und Leser mit immer wieder neuen kreativen, meist einfachen und vegetarischen Rezepten zu begeistern. Dabei mag sie besonders Gebackenes und sämtliche Arten von Desserts, denn diese isst sie selbst sehr gern, und die Zubereitung, das Arrangement der Speisen und das Fotografieren bereiten ihr daher besonders große Freude. Mit ihrem Partner Ramin bespricht sie Themen wie Ästhetik, Farben, Texte und Inhalte der Kochbücher oder sie diskutieren gemeinsame Reiseziele.
Ramin liebt besonders die spontane Zubereitung von herzhaften Speisen und die Vielfalt und die Herausforderungen, stets neue Rezepte zu kreieren. Dabei hilft ihm auch, dass er multikulturell aufgewachsen ist. So konnte er schon in frühester Kindheit in die Töpfe der Welt blicken und Gefallen an den verschiedensten Zutaten und Zubereitungsweisen finden.
Zusammen sind sie ein gutes Team, das sich gegenseitig unterstützt und prima ergänzt.
Sie bloggen unter www.klaraslife.com oder auf Instagram @klaraslife. Bei Thorbecke erschienen von ihnen bereits die Kochbücher „Klaraslife“ und „Wurzelgemüse“.

Kathrin Salzwedel & Ramin Madani
Klaraslife – Vegane und vegetarische Wohlfühlgerichte
Modern, einfach, lecker.

232 Seiten
19 × 26 cm
Mit zahlreichen Fotos
ISBN 978-3-7995-1474-3

Kathrin und Ramin von klaraslife präsentieren in ihrem ersten eigenen Kochbuch die besten Rezepte zum herbstlich-winterlichen Trendthema veganes und vegetarisches Comfort Food. Das Autorenduo zeigt, wie einfach es ist, gesund, nachhaltig und saisonal einzukaufen und zu kochen. Ihre modernen und unkomplizierten Wohlfühlrezepte sind sowohl regional als auch international inspiriert.

Kathrin Salzwedel & Ramin Madani
Wurzelgemüse
Vegane und vegetarische Rezepte für kalte Tage

232 Seiten
19 × 26 cm
Mit zahlreichen Fotos
ISBN 978-3-7995-1523-8

Wurzelgemüse wie Sellerie, Rote Bete, Karotte oder Pastinake gehören zu den typischen Wintergemüsen. Sie sind lange haltbar und bereichern unsere Winterküche mit ihren wunderbar erdigen oder knackig-frischen Aromen. Neue herzhafte und sogar süße vegane und vegetarische Rezepte mit bekannten und fast vergessenen Wurzelgemüsesorten sowie Rezept-Klassiker mit neuem Dreh sorgen dafür, dass uns die Gemüseküche nie langweilig wird.